Mi tenis al 100%

Guía para ser un tenista de alto rendimiento

Mi tenis al 100 %

GUÍA PARA SER UN TENISTA DE ALTO RENDIMIENTO

Miguel Búa

Todos los derechos reservados
Miguel Búa
A Coruña, 2023

Contacto:
raquetaganadora@gmail.com
RRSS: @raquetaganadora

A Marisa, Jose, Andrés, Totó, Luis y Pepita. A Laura. A Juanpe, el mejor mentor de Sa Roqueta; a Jofre Porta, por abrirme las puertas de su casa y confiar en mi. A Stefan Ortega y a Mike del Cerro, por darme la oportunidad de cruzar medio mundo con una raqueta en la mano. A Martín Rocca por ser guía, referente y amigo.

ÍNDICE

Presentación — 11

Preparar la temporada — 13

Herramientas mentales — 21

Adherencia — 47

Diseño de la temporada — 51

Consejos para competir — 67

Conclusiones — 85

PRESENTACIÓN

Mi tenis al 100%

Siempre he escuchado que en el tenis lo que marca la diferencia es la *"cabeza"*. No estoy de acuerdo: en el tenis de los mortales lo que marca la diferencia es la organización. Al nivel máximo de un tenista top 100, podremos hablar de variables psicológicas como la gestión emocional, la toma de decisiones o la autorregulación. Son, sin lugar a dudas, aspectos tremendamente importantes a la hora de competir en tenis. ¿Pero no es más importante saber *cómo trabajarlos, cómo ser lo más eficiente posible,* o *cómo poder crear una hoja de ruta para llegar al máximo* en cada una de estas facetas? Y si además de trabajar estos constructos psicológicos nos centramos del mismo modo en cada aspecto a mejorar en el juego de un tenista, ahí, y no en lugares etéreos como *"la cabeza"*, es donde marcaremos la diferencia.

Este libro es una guía que busca favorecer el aprendizaje y la mejora continua de cualquier tenista, independientemente del nivel de juego que tenga. No hay magia en el entrenamiento en tenis, tampoco soluciones radicales. Pero lo que sí que hay es un método, una estructura y una organización que podemos utilizar, si sabemos cómo, para ayudarnos dentro y fuera de pista. Esto es lo que ofrece este libro, así como las explicaciones del cómo y el por qué de cada herramienta. No se busca volcar información como si de una clase magistral se tratase, sino ser un acompañamiento como lo sería un entrenador.

Las grandes academias, las medianas, las pequeñas, los entrenadores autónomos de tenistas profesionales y los clubs de tenis bien organizados trabajan con un método que les ayuda a estructurar cada pequeño apartado del que se compone el juego. He tenido la suerte de trabajar en academias de tenis de una enorme trayectoria y nivel, así como en la dirección comercial de una famosa multinacional dedicada a la venta de artículos deportivos, y en ambas se comparte prácticamente del mismo modo una estructuración muy similar. No deben estar equivocadas. Esta forma de trabajar estructurando, *priorizando*, marcando objetivos y evaluando es la que me ha ayudado a ser mejor entrenador. Este libro es un recopilatorio de todos mis aprendizajes, con el objetivo de ayudar a todo aquel jugador o jugadora que no se pueda permitir un entrenador de tenis que le ayude en este proceso.

Aquí encontrarás recursos que puedes usar a lo largo de toda la temporada, pero es especialmente al principio de la temporada cuando más jugo le podrás sacar. Si en el momento de la lectura te encuentras con la temporada ya empezada no pasa nada, puedes empezar a usar estas herramientas desde el minuto uno, y podrás comenzar a preparar la siguiente temporada con mucho tiempo y previsión. Te recomiendo la posibilidad de compaginar este libro con todos los aportes de tu entrenador. Así, por un lado, tendrás la información de un profesional sobre lo que debes trabajar en tu tenis, y por el otro un método para organizar y estructurar todo el proceso. ¡Vamos!

PREPARAR LA TEMPORADA

Antes de comenzar a trabajar directamente en qué entrenar debemos llevar a cabo un trabajo previo de organización. Te recomiendo que te sientes un par de horas con unas hojas en blanco delante y le dediques ese tiempo a este proceso de estructuración-priorización. El hecho de sentarte a crear esta hoja de ruta ya crea una gran diferencia frente al resto de jugadores, que compiten sin objetivos, sin metas, sin hoja de ruta… y te ayuda a acercarte a dónde quieres llegar y te enseña cómo hacerlo de la mejor manera posible. En todo momento eres partícipe y protagonista en este proceso, lo que ayuda a mejorar la eficacia y la eficiencia, y a ser muy consciente de cada pasito que vas dando.

A continuación, empezaremos con el primer punto: *¿Qué quiero conseguir?* En primer lugar, tenemos que saber por qué jugamos al tenis. Si voy a competir, debo tener claro cuáles son mis objetivos realistas y alcanzables para esta temporada. Apunta en la primera hoja todo lo que podamos considerar un objetivo. Por ejemplo, a quién le quieres ganar, qué torneo quieres llevarte, o qué ronda conseguir. Una clasificación para un torneo de determinado nivel o el hecho de comenzar a jugar torneos internacionales (con todo lo que ello implica) también puede ser un buen objetivo. Incluso un ranking concreto o una puntuación puede ser una buena meta. Te recomiendo una horquilla entre 5 y 10 objetivos.

Una vez tengamos por escrito todos nuestros objetivos debemos ordenar estas metas en tres niveles. Por lo tanto, a continuación, deberías poner tres columnas en tu hoja y en cada una de ella desgranar en: metas a corto plazo, metas a medio plazo y metas a largo plazo. Cuanto más fácil sea una meta, y más cercana sea la posibilidad de conseguirla, más a corto plazo será. Te recomiendo que te fijes metas a corto plazo del estilo "Competir en el torneo de navidad de mi club". A priori es una meta muy poco concreta, pero si entendemos que esto implica llegar en condiciones óptimas para hacerlo: habiendo entrenado, con una técnica apta para competir, con ritmo de bola y con un físico que te permita luchar por llevarte partidos; ya vemos que esta meta te fija un conjunto de condiciones en una fecha concreta. Y te ayudará a tener ese objetivo para enfocarte en unos meses.

A medio plazo podremos tener una meta como "tener al menos 100 puntos", o "tener un ranking que me permita no jugar fase previa". Son metas también sencillas, pero que implican detrás mucho trabajo y la consecución de otras pequeñas metas. Este sería el segundo punto a tener en cuenta. Una vez te hayas fijado tus metas a medio plazo divídelas en otras más pequeñas, que puedas adaptar a corto plazo. En ocasiones no será fácil, pero más adelante te enseñaré a hacer una hoja de objetivos de trabajo para el día a día que te ayudará. Si ves que tu objetivo a medio plazo se puede dividir en otros más simples, apúntalo. Si no es así no pasa nada.

Del mismo modo, hemos de apuntar objetivos a largo plazo. Aquí, no sólo buscaremos dividirlos en objetivos a medio y a corto plazo (enfocados a ese objetivo a largo plazo), sino que te recomiendo que sea un objetivo que realmente puedas alcanzar pero que implique un reto y un esfuerzo mantenido en el tiempo. Pero lo más importante, que sea un objetivo que dependa de ti en todo lo posible. Por ejemplo, si el objetivo a largo plazo es ganar un partido a un jugador en concreto, ten en cuenta que ese partido dependerá como mucho al 50% en tu capacidad, ya que el resto del porcentaje dependerá de tu rival. Si en cambio mi objetivo a largo plazo es haber mejorado tanto técnica como táctica, habiendo hecho una hoja de objetivos, encaminado a llegar a ese partido con el doble de capacidades para competir y poder ganar a ese jugador; la meta será la misma, pero el enfoque me ayudará a entender que me tengo que centrar en mi rendimiento. Al centrarme en mi rendimiento, gane o pierda, mi meta dependerá de mi capacidad de mejora, y de la eficiencia y esfuerzo centrado en el proceso, que me ayudará a llegar mejor al destino, a la meta. Si mi objetivo sólo es ganar tendré muy mal encaminado mi punto de vista.

Con este ejemplo busco que entiendas que la atención a qué podemos controlar debe ser prioritaria a la hora de establecer metas. Tienen que ser realistas y alcanzables, por supuesto, pero lo más importante es que sean controlables por ti, y que de ti dependa su consecución. Si te centras en metas de rendimiento y no de resultado vas en la dirección correcta.

En tu papel de metas deberías de tener, por un lado, todas las metas que tienes para la temporada como una lista. Más abajo un cuadro con tres filas organizando esas metas en corto, medio o largo plazo. Y a su vez, las metas a corto y largo plazo deberían de tener metas "asociadas" más cercanas en el tiempo: una meta a largo plazo debería tener alguna a medio y a corto plazo, para poner en camino el trabajo hacia esa meta. Así tendremos una hoja con todo aquello que queremos conseguir para esta temporada. El siguiente paso será pasar de enfocarnos en el *qué* para enfocarnos en el *cómo*.

Llega entonces el momento de preguntarnos *¿Cómo quiero conseguir mis metas? ¿Qué necesito?* Y antes de responder directamente a esta pregunta debemos de tener muy claro en qué condiciones nos encontramos, cuáles son las fortalezas que debemos de potenciar y cuáles son nuestras debilidades; también qué necesito en cada apartado de mi tenis para mejorar mi nivel general. Eso lo veremos más adelante.

Coge una nueva hoja y haz un cuadro con dos columnas. En la primera de ellas apuntaremos las fortalezas, y en la segunda las debilidades. Escribe todo aquello que se te pase por la cabeza. Piensa en qué golpes te hacen sentir con confianza en la pista, cuáles no, en qué situaciones te haces más fuerte de cabeza o en cuáles te pones demasiado nervioso o pierdes la concentración. Recoge también información sobre tu estado físico. Hay muchos factores externos, que no están directamente relacionados con tu tenis, pero que influyen enormemente. Los podemos trabajar también. Esto serían ideas como "nunca caliento bien", "duermo pocas horas y no descanso bien", "no cuido mi dieta"… o al revés, situaciones como "siempre preparo mis entrenamientos" o "dedico tiempo diario a una rutina de prevención de lesiones".

Es muy importante añadir a esta hoja de fortalezas y debilidades todas esas conductas que te ayudan o te perjudican. Siempre están ahí pero no es fácil entender hasta qué grado nos influyen. Esta influencia no sólo es negativa, conocer nuestros puntos fuertes es un factor fundamental para conocernos mejor, para apoyarnos en ellos y para potenciarlos aún más. Es por ello que el hecho de escribirlas y plasmarlas en un papel nos ayudará más adelante a poder poner el foco en ellas. Cuanto más completo tengas este papel, más puntos de trabajo tendrás en la mira. Te recomiendo que no hagas este proceso sólo en un día. Dedícale tiempo en días diferentes, ya que seguramente tendrás más ideas que en un único momento.

Llena esa hoja con todo aquello que se te ocurra. No tengas prisa, pero busca tener esta información antes de pasar al siguiente paso. Como último consejo, intenta verte con tus propios ojos, pero también desde fuera, como si fueses un espectador de un partido de tenis que te ve jugar desde la grada. También como un familiar que convive contigo, y como un compañero de entrenamientos. Todos estos focos externos son de vital importancia para verte en diferentes situaciones desde fuera.

Llegados a este punto nos vemos con una hoja muy clara de las *metas* para esta temporada y con una hoja de *fortalezas y debilidades* a trabajar para alcanzar estas metas, que te vendrá de lujo para cubrir el siguiente apartado. Ahora llegamos a un punto clave, en el que posiblemente necesites ayuda de tu entrenador. Si no tienes entrenador te recomiendo hablar con compañeros de entrenamientos o incluso grabarte jugando para poder verte desde fuera, ya que desde dentro nos cuesta mucho ver nuestra técnica, táctica, capacidad física o incluso gestión psicológica. El siguiente punto a trabajar es el más laborioso, por la importancia del detalle, de la organización y de priorizar bien cada punto.

Necesitarás de nuevo una hoja de papel en blanco. Vamos a comenzar haciendo grandes grupos para trabajar la técnica: *derecha*, *revés*, *volea*, *saque*, *resto*, *cortado* y *dejada*. Dentro de estos apartados técnicos debemos incluir todos los puntos lo más pequeños y sencillos posibles que tenemos que mejorar. Son grupos mucho más amplios de lo que parecen, ya que el apartado *"derecha"* incluye todo tipo de derechas de ataque, derecha invertida, defensa de derecha, abrir pista por el ángulo corto de derecha, derecha liftada profunda con mucho peso, derecha plana rápida paralela... Por eso es muy importante llenar con cada detalle de cada golpe que creas que necesitas mejorar, o que tu entrenador no para de repetirte que debes mejorar. Voy a darte ejemplos para ayudarte a entender mejor qué puntos deberíamos apuntar en cada pequeño apartado:

- *No armar por abajo la derecha*
- *Aguantar el brazo izquierdo arriba después de lanzar la bola en el saque*
- *Posición cerrada de piernas al entrar a atacar de derecha*
- *Abrir el pecho utilizando el brazo izquierdo en el revés cortado*
- *Mantener las rodillas flexionadas y los talones levantados en el saque*
- *Empuñadura de revés en la mano izquierda al restar*
- *Al volear, apretar la mano*
- *Balanceo de peso antes de sacar*

Y como estos ejemplos todo, absolutamente todo, lo que puedas proponerte como una mejora. Una vez tengamos todo lo relativo a la técnica nos iremos a otros pilares fundamentales en el juego de un tenista, como es la *táctica*, la *capacidad física*, *psicológica* y un aspecto del que se habla poco, pero que marca la diferencia: la *adherencia*.

Para recapitular, tendremos seis grandes grupos: **técnica**, **táctica**, **físico**, **mental** y **adherencia**. En cuanto al aspecto técnico ya hemos visto como organizarlo, es quizás el menos laborioso ya que es más un trabajo de recopilación de información que de creación, como lo es en el caso táctico.

En el apartado táctico te recomiendo comenzar apuntando aspectos más relacionados con la aplicación técnica al partido. Estos serían ejemplos para este primer caso:

- *Tener un plan de partido*
- *Utilizar efectos tácticamente*
- *Jugar según la situación (no atacar en una defensa)*
- *Abrir ángulos*
- *Analizar la estrategia en los cambios de lado*
- *Analizar al rival y cómo hacerle daño*
- *Fallar con intención, no tirar por tirar*
- *Tener un plan para el punto*

Como ves, en el caso de la táctica ya es más difícil establecer un objetivo tan claro y fácil de visualizar como en la técnica. Es por eso que además de crear estos apartados te recomiendo en una hoja por separado crear tres tipos de planes de juego para partidos en los que tengas que ser *defensivo*, otro en el que puedas jugar *agresivo* y un tercero en el que tu rival no te ataque a cada momento, pero tampoco no sea muy conservador, esto sería un estilo de juego más *neutral* que te da opción de trabajar el punto.

¿Cómo crearemos estos tres planes de juego? Antes de continuar con la hoja de objetivos nos iremos a una nueva en la que comenzaremos definiendo cómo jugaremos ante un rival que nos ataca mucho, que no nos permite utilizar nuestro juego ideal y que nos fuerza a posiciones principalmente defensivas. Te daré un ejemplo de nuevo sobre cómo podría describir estos apartados a trabajar en este *plan de juego defensivo*:

- *Fuerza de piernas para tirar bolas con peso desde la defensa, donde mi cuerpo va hacia atrás y mi bola sale hacia delante.*
- *Buena utilización de efectos, tanto para mover al rival como para poder tirar bolas sin miedo a fallar, ya que golpearé en posiciones incómodas.*
- *Juego de pies centrado en llegar rápido a la bola. Doble paso, cruzar bien las piernas para ganar velocidad, split step orientado en el aire para ganar tiempo…*
- *Recuperar un metro y medio por detrás de la línea de fondo, no esperando la bola muy dentro de pista.*
- **Mi forma de ganar el punto** *no es intentando ganar la red, es aguantando embestidas del rival buscando no perder el centro de la pista, devolviendo bolas que no le den al rival el tiempo que me quita al jugar rápido, con altura.*
- *Mi rival tiene que dar pasos, no juego al centro para que me mueva, tengo una idea táctica clara en la que no gano con winners, pero intento no repetir zonas para no cansarme más que mi oponente.*
- *Tirar con margen y seguridad, a la vez que con sentido táctico, es mi prioridad.*

Te recomiendo adaptar estas ideas a tu personalidad y a tu estilo de juego en pista. Es importante que imagines cómo jugarías contra un rival que te fuerza, y sobretodo aquello que te falta para poder competirle con confianza, sabiendo que puedes jugar de forma defensiva si cumples esos puntos.

El segundo plan de juego que debes tener muy pautado es tu *plan de juego agresivo*. De nuevo te doy una serie de ejemplos:

- *Busco recuperar pista muy cerca de la línea de fondo*
- *Dos tercios de la pista de fondo los cubro con mi derecha, buscando la opción de invertirme y pegar con mi derecha*
- **Mi forma de ganar el punto** *es quitarle tiempo al rival y buscando la red, tirando bolas rápidas que buscan que golpee en situaciones incómodas, con la posibilidad de encontrarme bolas cortas o suaves que me permitan llegar bien a la red.*
- *Mi zona de juego principal en este plan de juego será dentro de pista, buscando golpear todas las bolas por delante de la línea de fondo.*

Como comenté en el plan de juego anterior, esto es sólo una idea. Tenemos que escribir un plan de juego en el que creamos, que sintamos como propio y posible. Si no quiero subir a la red no puedo poner en mi plan de juego que voy a buscar ganar los puntos en la volea. Es importante que, aunque sea un plan de juego ideal, que sea lo más realista posible, aunque haya muchos aspectos a trabajar.

El tercer plan de juego, el *plan de juego neutral*, es el más abierto de los tres. Aquí te diría que tengas en cuenta aspectos defensivos y agresivos, pero sobretodo que tengas un plan para crear buenas transiciones de defensa a ataque, de cómo convertir esas situaciones defensivas en situaciones favorables. Te doy algunos ejemplos:

- *Busco que mi rival no me abra pista: no tiro bolas que abran pista en exceso para que me encuentren un buen ángulo abierto, me defiendo más por el centro de pista.*
- *Mi golpeo de fondo debe ser con peso y profundidad. Las piernas me ayudan a pasar peso a la bola.*
- *Mis defensas pueden ser cortadas, buscando una bola difícil de levantar, que me ayude a recibir una bola más cómoda con la que no dudo en apretar a mi rival.*

Ahora que ya tenemos esos tres planes de juego podremos volver a la hoja de objetivos y en el apartado táctico incluir los puntos concretos de cada plan de juego en los que necesite mejorar. Por ejemplo:

- *Bolas de transición: defensa con peso y moverme para apretar en la siguiente bola.*
- *Defensa y recuperación al centro antes de volver a defender.*
- *Split step orientado.*
- *Derecha invertida para abrir pista por el revés*
- *Leer bien la bola y la situación en la que me encuentro, para saber si me toca defender o atacar*

Una vez llegados aquí tendremos el apartado técnico con todos los objetivos a trabajar cubiertos, tendremos tres planes de juego por separado, bien descritos y en la hoja de objetivos tendremos apuntado aquello que quiero trabajar para que mi plan de juego esté completo.

Abriremos ahora un nuevo apartado, el apartado *físico* en la hoja de objetivos. Aquí te ayudará seguro la hoja de fortalezas y debilidades, para por un lado ver qué objetivos puedes ponerte para mejorar aquellos puntos en los que más te cuesta, pero también para potenciar tus fortalezas. Si eres un jugador con mucha potencia en el tren superior es importante ser consciente de ello para poder adaptar a ello tu estilo de juego y tu preparación física. Te daré algunos ejemplos de qué puedes poner en este apartado:

- *Cambios de dirección: apoyo, golpeo y recuperar.*
- *Fortalecer antebrazo.*
- *Recuperación rápida después del saque.*
- *Mejorar flexibilidad tren inferior.*
- *Aumentar capacidad aeróbica.*
- *Mejorar el control de pulsaciones, subir y bajar con picos controlados.*

Seguro que este es el apartado donde menos te cuesta marcarte objetivos, ya que es donde más solemos conocer nuestras carencias y fortalezas.

Nos quedan dos grandes bloques por completar, uno sobre los *objetivos mentales* y otro sobre la *adherencia*. Los considero muy complejos, por lo que le dedicaré a cada uno de ellos un capítulo en exclusiva.

HERRAMIENTAS MENTALES

Hasta ahora hemos ido haciendo una estructuración de objetivos, metas e incluso creando un plan de juego. Haremos lo mismo con las estrategias mentales a trabajar, pero al no ser un aspecto tan conocido del tenis he decidido dedicar un capítulo a los aspectos psicológicos clave para todo tenista.

"No te pongas nervioso" es posiblemente el mantra que más se escucha por las pistas de tenis de un club. Y muchas veces buscamos soluciones mágicas o mantras que nos ayuden a mantener la concentración, manejar los nervios o tomar decisiones acertadas en milisegundos. La realidad es que disponemos de muchas herramientas para mejorar todos los aspectos relacionados con la mentalidad de un tenista. A continuación, te mostraré las principales estrategias a trabajar para que puedas entender y añadir así a tu hoja de objetivos con la que finalizamos el capítulo anterior.

LAS PULSACIONES

A priori no parece algo relacionado directamente con la capacidad psicológica de un tenista, pero es una de las armas más poderosas de las que dispone un tenista. Si cuando jugamos nos mantenemos a 150 pulsaciones por minuto tenemos dos problemas que afectan a nuestro rendimiento: por un lado, estaremos consumiendo mucha más energía de la que necesitamos, y por el otro, nos costará estar serenos y concentrados en los momentos en los que no estamos jugando. No pensamos igual cuando estamos con el corazón latiendo en el cuello, sintiendo esas pulsaciones altas en el pecho y en las venas de la cabeza, lo que también nos acelera la respiración; que cuando respiramos tranquilos, con las pulsaciones calmadas. Estas dos situaciones opuestas se asocian con un estado de nerviosismo y tensión o un estado de calma y concentración.

¿Pero qué ocurre en el tenis? Que en apenas unos segundos pasamos de necesitar un estado de tensión y alta activación a uno de calma y análisis, para volver de nuevo al primer estado. Aquí juega un papel crucial el control de las pulsaciones.

Antes de contar cómo debemos controlar las pulsaciones te voy a dar un dato revelador que nos dice mucho de lo que es realmente el tenis. Aproximadamente entre el 60 y el 70% del tiempo que dura un partido de tenis es tiempo en el que no se está jugando. Este dato varía en función de la superficie, pero esto nos deja sólo el 30 o el 40% de tiempo real de juego. Es por esto que si un partido dura dos horas y media estaremos jugando una hora o menos de tiempo real. De mantener pulsaciones más altas de lo necesario estaremos una hora y media gastando energía sin necesitarlo. Ahorremos energía, favoreciendo un clima interno que nos ayude a llevar a cabo el resto de estrategias psicológicas que veremos en este capítulo.

Controlar bien las pulsaciones según la situación es la base de todo tenista bien regulado emocional y psicológicamente.

Pongámonos en situación para entender muy bien cómo utilizar esta herramienta de gestión de pulsaciones. Acabo de jugar un punto de nueve golpes, he corrido por toda la pista. Aún siento la tensión del punto, miro mi reloj y me marca 150 pulsaciones por minuto. En aproximadamente 20 segundos estaré jugando el siguiente punto. El objetivo aquí es bajar las pulsaciones lo antes posible, ¿cómo? Con la respiración. Al finalizar el punto cambia la raqueta de mano, y que esa conducta te recuerde que debes comenzar a respirar profundamente, lo más pausado y calmado posible. Que sea un cambio enorme frente a la respiración durante el punto. Tu cuerpo tiene que sentir de repente un cambio muy abrupto que le lleve a bajar pulsaciones lo antes posible. Si viésemos un registro de las pulsaciones por minuto de un tenista profesional veríamos picos muy abruptos, que nos marcarían los espacios entre puntos y durante los puntos. A mayor diferencia entre pulsaciones, mayor nivel.

La forma de actuar será la siguiente: acaba el punto, cambio la raqueta de mano y respiro profundamente. Mantengo las pulsaciones lo más abajo posible hasta que se acerque el momento de restar o sacar. Antes de empezar el siguiente punto me muevo, me activo, me motivo y respiro más rápido, para llegar al inicio del punto con el nivel de activación y de pulsaciones óptimo.

Esta herramienta no es difícil de llevar a cabo, pero requiere de un entrenamiento consciente y muy dedicado para poder consolidar y que salga solo. La forma de llevarla a cabo es muy simple, pero entiende que has de dedicar tiempo a trabajarlo. Sin dominar esta estrategia todas las demás quedarán cojas, ya que este control de pulsaciones y respiración es como poner la libreta en la que escribiremos las siguientes estrategias. Es muy simple y con un poder inmenso.

ENTRE PUNTOS

Me atrevo a decir que esta estrategia es la más poderosa, ya que será la que más te ayudará a encaminar tus competiciones y a no caer en los mismos errores constantemente, a no "dormirte" en el partido y a sacar tu 100%.

Para que esta estrategia pueda funcionar perfectamente debes de dominar el uso de la respiración y el control de las pulsaciones. Ya que mientras realizas esa rutina a nivel físico llevarás a cabo esta, que te contaré a continuación, a nivel mental. Esta técnica es conocida como la *técnica sándwich*, ya que consta de dos partes más orientadas en lo *"positivo"* y una parte central más centrada en lo *"negativo"*.

En primer lugar, vamos a dividir el tiempo entre puntos en tres espacios de tiempo. El primer tramo ocurre justo al finalizar el punto. En ese momento, mientras estamos respirando y bajando pulsaciones, con la raqueta en la mano no dominante, comenzamos a analizar lo que hemos hecho bien durante el punto. Es muy importante hacer un análisis transversal, es decir, no fijarse sólo en la técnica o en la ejecución, sino qué parte de la planificación, anticipación y ejecución del punto hemos hecho bien. Por ejemplo, *"mi plan era jugar una bola rápida al cuerpo para cambiarle con peso, sacarlo de la pista y robarle tiempo para apretar cambiando dirección y buscar la red"*. Es una planificación a priori muy específica, con sentido táctico y lo suficientemente abierta como para ser modificada sobre la marcha.

En segundo lugar, pasaremos al interior del sándwich: analizaremos qué hemos hecho mal. Este tramo de tiempo ocurre en el tiempo en el que aún no estamos preparados para iniciar el siguiente punto, mientras nos cambiamos de lado, cogemos una bola o estamos en la toalla. Siguiendo el ejemplo anterior, *"tenía un buen plan, pero en el resto me ha tirado una bola con efecto, no he ajustado bien de piernas, le he pegado mal a la bola y se ha ido fuera"*. Aquí rápidamente he dado con la clave del fallo. He encontrado el por qué de perder el punto, la causa, por lo que podré prevenirlo en un futuro y tenerlo en cuenta para los siguientes puntos. ¿Crees que si llevas a cabo esta técnica de análisis entre puntos es probable que cometas el mismo error durante prácticamente cada punto de un set? Hay muchos jugadores que no paran de repetir el mismo error una y otra vez. Ese es el verdadero problema. Fallar no está mal, lo está fallar siempre del mismo modo.

Por último, en el tercer lugar, estaremos a punto de empezar el siguiente punto. Es aquí cuando (siguiendo la rutina de las pulsaciones) cambio la raqueta a mi mano dominante, subo pulsaciones, me activo, me preparo para iniciar el punto. Y en esos segundos debo crear un plan breve y claro para el siguiente punto, y a continuación motivarme con una palabra o frase (Nadal se dice *"Nadalec"* a sí mismo), y a competir. Por ejemplo, *"vale, y en este punto voy a buscar bolas con margen y sobretodo me voy a mantener activo de piernas, ajustando, trabajo el punto, ¡va, va, va!"*. Y así acabo el sándwich.

Esta herramienta probablemente no te ayudará a ganar a alguien mucho mejor que tu (nada es absoluto, y menos en el tenis, todo puede pasar) pero seguro que te ayuda a no perder ningún partido con gente con menos nivel. Pero además te ayudará a potenciar tu tenis, a mejorar tu eficiencia, a ayudarte a prevenir y evitar errores y a mantener la cabeza ocupada en algo que te ayuda a competir mejor y así evitar problemas de concentración e incluso de motivación. Y sumar estas ventajas a tu juego seguro que te acerca a ganarle a gente de un gran nivel.

Para sacar el máximo partido a esta estrategia te recomiendo que comiences a utilizarla en tus entrenamientos, especialmente durante partidos que no sean de un torneo o una competición. No tiene sentido hacerlo en un ejercicio en el que los tiempos no son similares a un partido, ni hay una carga táctica y emocional tan marcada y real. Por eso te recomiendo marcarte algún entrenamiento basado en partidos en los que puedas dedicar tiempo a entrenar estas herramientas.

ENTRE JUEGOS

En la estrategia anterior llevamos a cabo un análisis casi a tiempo real, con una visión que centra la atención en un punto muy concreto y específico. En esta herramienta, la del análisis entre juegos, que me gusta llamar *la del espectador*, haremos un análisis más general. Le llamo del espectador porque cambiamos la atención a un enfoque externo, como si hubiésemos visto los dos últimos juegos desde la grada.

Entiende que debemos pensar a nivel exclusivamente táctico. No dispones de mucho tiempo, por lo que no toca analizar desempeños de ejecución técnica. Cuando pensamos en la técnica estamos teniendo un foco de atención interno y muy cerrado: nos estamos mirando a nosotros mismos y de todo el partido solo pensamos en nuestros movimientos, cuando es mucho más que eso. En este caso, y generalmente en competición, debemos centrar la atención en aspectos más externos, especialmente en el rival. La clave de esta estrategia es tener en cuenta el *cómo* estamos viendo la situación mientras analizamos. Nos veremos como un espectador o incluso como un jugador que nos controla como si se tratase de un videojuego.

Vale, pero ¿cómo se lleva a cabo esta herramienta? De nuevo, la dividiremos en tres fases. Como ya ha finalizado el punto debemos bajar pulsaciones a la hora de ir a la silla, pero será un tiempo mucho más amplio que entre puntos, por lo que es importante mantener cierta tensión corporal, no relajarse totalmente. Corremos el riesgo de bajar demasiado y que después nos cueste recuperar la activación óptima. Mantén una postura que no sea demasiado relajada ni cómoda, mueve las piernas, sigue tus rutinas (que veremos más adelante) ... y sobretodo mantén la cabeza ocupada. Esta herramienta se encarga de ayudarte a ello en este momento.

Comenzamos fijando la atención en *qué nos está funcionando*, en si estamos haciendo daño al rival, o en qué medida le estamos incomodando. Para atender a esto nos podemos fijar en muchos factores. Que no estemos ganando los puntos no significa que no estemos haciendo algo bien. Tendremos que ver si notamos a nuestro rival cómodo o no, si está jugando agresivo o no, si con nuestra bola le cuesta atacarnos, sus quejas... En este momento, mientras estamos sentados en el cambio de lado, tendremos también una sensación por el tiempo que hemos estado jugando sobre si estamos utilizando una táctica que está funcionando. El resultado también te puede ayudar a ver esto, pero repito que no tiene por qué reflejar que la táctica esté siendo 100% positiva o negativa. Es importante entender que en este momento nos centramos en el rendimiento, si bien el resultado entendido como un feedback sobre la táctica elegida, nos puede ayudar. Al final es usar la lógica, el sentido (siendo lo más objetivos posible) y las sensaciones. En este primer paso buscamos lo positivo, lo que estamos haciendo bien.

Continuando con el sistema de la técnica sándwich, en el segundo paso analizamos aquello que *no está funcionando*, que debemos cambiar o que podemos mejorar. Este punto es muy complejo por dos motivos: es muy difícil analizar desde dentro, con toda la carga emocional y la dificultad de pensar con claridad en situaciones de cansancio; y por el hecho de encontrar soluciones tácticas en sí. Es decir, por un lado, cuesta entender lo que no funciona y por el otro encontrar otra opción que podría funcionar. Analiza de más general a más específico. Estructurando así será más fácil evitar encontrarse perdido en este proceso. Busca siempre primero pensar en las decisiones tácticas generales, como el plan de partido que estás utilizando. Por ejemplo, quizás has planteado que utilizarías tu plan de juego defensivo ya que es un rival que te hace mucho daño, pero lo que ocurre así es que le permites jugar agresivo ya que no le planteas situaciones en las que se tenga que defender. Así, se permite el lujo de recuperar más dentro de pista y propiciar situaciones de ataque, que te llevan a no salir de la defensa. Podrías probar a cambiar el planteamiento de juego a uno más neutral o agresivo para buscar un cambio. Otro ejemplo sería que en el plan defensivo que has planteado estés conteniendo bien al rival, pero te cuesta mucho conseguir opciones de entrar en pista y atacar, por lo que quizás el plan general de jugar más conservador está funcionando, pero necesitas defender con bolas de otro estilo. Quizás podrías cambiar las defensas altas con peso con bolas cortadas bajas que obliguen a tu rival a levantar bola. Te defenderías del mismo modo, pero le obligarías a golpear en un punto de impacto muy diferente. Estarías proponiendo un cambio que afectaría directamente a su golpeo, pero no tanto a tu idea estratégica durante el partido.

Cuanto más utilices esta herramienta más práctica tendrás. Es un proceso fácil, simple y sencillo, pero cuesta acostumbrarse. Con el tiempo lo dominarás y te costará poco tiempo. Es importante entender que el momento para analizar la táctica a un nivel tan amplio es en este tiempo de cambio de lado. Así, por un lado, llenas este espacio en el que es muy fácil perder la concentración con algo muy útil en lo que pensar y a la vez liberas el hecho de pensar en ello entre puntos, ya que no le dedicarías el tiempo necesario y estarías dejando de analizar a pequeña escala cuando toca.

Por último, motívate, actívate mucho más y comienza a subir pulsaciones a la vez que te vas levantando. Esta sería la parte final de la herramienta. Hay varios puntos importantes a tener en cuenta, y el que no puedes olvidar nunca es el siguiente: nunca jamás rompas tu rutina de cambio de lado porque tu rival se levante al poco tiempo. Tienes poco tiempo, pero es un tiempo tuyo que utilizarás para esta herramienta. Si tu rival quiere esperarte en la pista perfecto, lo utilizarás para motivarte en la tercera parte de esta estrategia al saber que él no la está llevando a cabo y tú si. Además de esto, mientras estés analizando las tácticas que están funcionando y las que no, bebe o incluso come algo, sécate... no dejes de aprovechar ese espacio para reponer. Y como último consejo, no esperes a tener sed para beber, hidrátate antes, durante y al finalizar el partido.

GESTIÓN EMOCIONAL

Una característica clave de un jugador de tenis profesional eficiente es una buena regulación emocional. Es difícil entender lo que supone jugar ante diez o veinte mil personas. Seguramente cualquiera de nosotros si nos viésemos ante esa situación nos quejaríamos casi a cada fallo; tendríamos el cortisol extremadamente alto, lo que supondría unos niveles de estrés cercanos a la de vernos ante una posible amenaza de muerte incluso. La rabia y la euforia estarían desatadas. Toda emoción sería llevada al extremo.

Esta situación llevada a un partido de competición a un nivel más accesible, al que nos podemos dedicar el resto de mortales, rebaja el impacto en nuestras emociones, pero no deja de influir y hacerlo de un modo tremendamente importante.

En primer lugar, vamos a ver a qué me refiero con la gestión emocional. Gestionar emociones es saber reconocer, anticipar, prevenir y tratar con toda aquella sensación que nos influye durante un partido de tenis. No es malo sentir emociones, de hecho, es necesario. Pero no podemos dar a las emociones el poder de penetrar en nuestra cabeza y tomar las riendas de nuestro comportamiento en un partido. Si dejamos que las emociones nos dominen perderemos el control del partido, perdiendo en primer lugar la concentración y como consecuencia dejaremos de llevar a cabo todas las herramientas de este apartado que nos ayudarán a maximizar nuestra eficiencia en un partido de tenis.

¿Cómo puedo tratar con las emociones durante un partido de tenis? Lo primero que tenemos que tener muy claro es qué emociones nos podemos permitir y cuáles no. Por ejemplo, los nervios no sólo están siempre presentes y son inevitables, sino que incluso nos pueden ayudar a mantener un buen nivel de activación que nos ayudará a estar en la tensión necesaria para competir. Por otro lado, pensamientos como el miedo a fallar o el enfado por perder un punto son emociones que no ayudan a competir y mantener un estado mental óptimo.

Es por esto que debemos entender cuando una emoción o pensamiento nos ayuda y cuando no. Este proceso es muy sencillo, es lógico y fácil de entender. Si tienes dudas de si una emoción te ayuda o no imagínate como un jugador externo, y si al verle mostrar esa emoción ves que no le ayuda, es una emoción a evitar. Observar a tus rivales y en general a otros tenistas te ayudará a descubrir una gran cantidad de emociones que expresamos constantemente y que nos frenan a la hora de conseguir un desarrollo óptimo de nuestro tenis.

Una vez tenemos claro aquellas emociones que debemos evitar, hay que entender una problemática a la que nos enfrentamos los humanos, independientemente de si hablamos de tenis o de la vida diaria de cualquier persona: no podemos evitar un pensamiento. Del mismo modo que Watzlawick en su teoría de la comunicación humana nos propone la imposibilidad de no comunicar (incluso el hecho de no hablar es una comunicación), no podemos no pensar si nos lo proponemos. El cerebro humano no procesa el negativo en estos términos. Si te pido que no pienses en una pelota de tenis, tu primer pensamiento es una pelota de tenis. Pero, si piensas en otra cosa, centras tu atención en otro pensamiento y así consigues pensar en otro objeto, y consigues evitar pensar en la pelota.

Del mismo modo ocurre con las emociones. No le puedes pedir a tu cerebro que no se enfade. Tampoco ayuda que te digan *"no te pongas nervioso"*. Tanto como entrenador, como jugador o como madre o padre es importantísimo tener claro que no podemos evitar un pensamiento, pero podemos cambiarlo por uno que nos beneficie.

Entonces, si conozco qué emociones y pensamientos no puedo permitirme en un partido de tenis, al reconocerlos podré buscar otros que sí me ayuden a concentrarme y mantenerme centrado en el partido. *¿En qué debo pensar entonces?* En este capítulo tienes varios puntos con estrategias en los que centrar tu atención. Y el hecho de usarlas para mantener nuestra atención en ellas tiene este beneficio asociado, el de no permitir entrar a emociones que no queremos.

Si además de saber reconocer y etiquetar esas emociones negativas sabemos anticipar su llegada, ganaremos la capacidad de prevenir su aparición, con lo que ello conlleva. Me gustaría que en este apartado te quedes con la importancia de reconocer las emociones negativas y cambiar los pensamientos sobre ellas con la utilización de todas las estrategias que te presento en este capítulo.

LOS TIEMPOS

Utilizar los ritmos del partido a tu favor es una herramienta muy poderosa. Es importante entender qué son los tiempos del partido. Es la velocidad a la que transcurre el juego. Son las cosas que hace mi rival o que hago yo que suman tiempo entre puntos o lo minimizan. Conocer que esto ocurre, hacerlo consciente y utilizarlo según nuestra situación en el partido es una ayuda enorme para ganar el control del partido. Muchos jugadores utilizan esta herramienta de forma inconsciente incluso, otros con pleno conocimiento. Sea como fuere, es importante conocer que, pese a no ocurrir durante el punto en sí, es una parte muy importante del partido, y puede llegar a marcar la diferencia.

En muchas ocasiones cuando vamos perdiendo en un partido entramos en una dinámica acelerada, de huida hacia delante. No salen las cosas y rompemos las rutinas, seguimos los tiempos que nos marca el rival y nos olvidamos de pautar nuestro ritmo. De este modo, le ponemos fácil a nuestro oponente el mantener el control del juego. Es por esto que si en un partido nos dejamos llevar por la corriente y no nos paramos a pensar en frenar el ritmo cuando vamos mal, nos acabará arrastrando y se nos irá totalmente.

Por el otro lado, si vamos ganando y no intentamos darle ritmo al partido, dejando que el rival nos marque un tiempo más lento, frenándonos todo lo posible entre puntos, al cambiar de lado, al ir a por una bola… nos sacará de esa dinámica en la que estábamos jugando bien, desempeñando un buen juego. Si de nuevo nos dejamos ir y no intentamos llevar esa "lucha" externa por el ritmo del partido, aparecen las oportunidades para nuestro rival de darle la vuelta al juego.

Entonces, *¿cómo utilizo los tiempos del partido a mi favor?* Bien, como hemos visto en los ejemplos anteriores: si estoy jugando cómodo, el resultado está a mi favor y mi rendimiento es el esperado; buscaré que el ritmo sea dinámico. No exageradamente rápido ni acelerado, pero sobretodo evitaré que sea muy parado y lento. Si por el contrario el resultado está en mi contra, mi rival me aprieta y me está haciendo daño, pero no tengo tiempo para analizar si quiera entre puntos (utilizando la técnica sándwich que hemos visto antes), si no sigue rutinas y eso no me permite a mí llevar las mías a cabo… entonces buscaré que el ritmo del partido no sea tan rápido. De nuevo, frenar todo lo posible el partido irá en mi contra, pero bajar un punto de velocidad a ese tiempo entre puntos y respetar en la medida de lo posible mis rutinas, seguro que me ayudará a salir de una dinámica en la que no me sale nada.

Mi consejo es que no te obsesiones demasiado con esta herramienta. En muchos partidos no es necesario utilizarla, y no debe ser una prioridad para ti. Pero es importante ser consciente de esta realidad, tenerla presente y sobretodo estar alerta para evitar caer en una dinámica acelerada por parte de nuestro rival o, por el contrario, poder meter una marcha más en el ritmo del partido y dificultar que el oponente sea quién de darle la vuelta al partido.

VISUALIZACIONES

Esta estrategia es una de las más utilizadas por deportistas de alto rendimiento, desde tenistas a pilotos de F1. Al utilizar la visualización conseguimos habituarnos a las situaciones de un partido de tenis de competición, por lo que trabajamos la gestión del estrés de un partido, del miedo, de los nervios, la gestión de nuestras emociones… al conseguir la habituación a esa situación. Cuanto más tiempo vivas una situación, menos te genera sensaciones negativas. Por ejemplo, si das un concierto de piano por primera vez ante una audiencia pequeña estarás tremendamente nervioso. Cuando lleves más de diez conciertos los nervios no serán tan paralizantes, estarán presentes, pero de un modo mucho más suave. Cuando pases del centenar de conciertos aprenderás a disfrutar de esos nervios, y serán parte del momento que esperas con ganas. Con este ejemplo busco escenificar, nunca mejor dicho, el poder de la habituación. Es muy complicado en tenis poder vivir una semifinal de un torneo cada semana, o una situación muy específica de un partido, como para conseguir esa habituación. Del mismo modo que un piloto de F1 sólo corre en un circuito una semana al año. Es por ello que utiliza la visualización para trabajar sobre ese circuito antes de estar presencialmente allí.

Las nuevas tecnologías nos pueden ayudar también a habituarnos a esa sensación, sobretodo cuanto más inmersivas consigan ser. Independientemente, esta estrategia utiliza la imaginación porque es un arma inigualable, ya que a día de hoy no hay una tecnología capaz de imitar olores, sensaciones físicas y emocionales o de sentir el golpeo de una pelota como uno mismo.

Por el otro lado, al poder vivir la experiencia de estar en medio de un partido de tenis, podemos trabajar absolutamente todo lo que haríamos en un entrenamiento: técnica, táctica, herramientas psicológicas, gestión de los tiempos, análisis del rival… el límite lo pondrá nuestra capacidad para imaginar y vivir de la manera más real posible esa situación. *¿Pero cómo puedo llegar a entrenar la situación de un partido desde la imaginación?*

No es una tarea fácil, y es que la visualización es, para mí, la herramienta más complicada de utilizar.

Tras haber trabajado con jugadores de tenis en el entrenamiento en esta herramienta, he visto que una de las formas más fáciles para llevarla a cabo sin haberla utilizado nunca es comenzar imaginando la acción del golpeo mientras la llevamos a cabo a cámara lenta con los ojos cerrados. Así, mientras movemos la raqueta, flexionamos las piernas, apretamos la mano, comprimimos los músculos, soltamos aire... vamos grabando todas esas sensaciones en nuestra mente.

El siguiente pasó será repetir todas esas sensaciones (tanto del movimiento de la raqueta como de todo nuestro cuerpo), incluso tratando de repetir sonidos y olores. Cuanto más detalle tenga la visualización más realista será. Una vez dominemos las sensaciones del golpeo mi recomendación es comenzar a imaginarse un peloteo, no un partido. Pensando en cómo veo a la bola ir hacia mi rival, cómo hago el split step para reaccionar al golpeo y cómo voy ajustando hacia la bola que viene, mientras no dejo de mirarla.

Estas visualizaciones, tanto la de sólo golpeo como la de peloteo, son complejas de dominar. Te recomiendo dedicar al menos un mes a trabaja un poco cada semana sobre estas. Haciendo 10 minutos al día en un mes serás una leyenda de la visualización. No es necesario hacerlo a diario, pero cuanto más lo trabajes, mejor.

El siguiente paso es el que más nos interesa, el más importante. Nos imaginaremos en un partido de tenis. Y, ¿por qué era importante dominar muy bien la visualización antes de llegar aquí? Porque ahora comenzamos a añadir nuevas sensaciones, que son las que realmente nos interesa trabajar: *estrés, ansiedad, miedo, euforia, frustración, concentración, gestión del error...*

Al haber llegado a poder visualizar partidos estaremos entrenando todo lo que envuelve a un partido de tenis. Esto es un poder brutal. Piénsalo, es muy difícil entrenar en las condiciones en las que estaremos mientras competimos ya que la presión, la situación en sí, es muy diferente. Esta herramienta es el *truco* para conseguir habituarse a las situaciones de un partido antes de disputarlo, y así llegar en buenas condiciones. Con estas visualizaciones conseguimos estar acostumbrados a gestionar todo lo relativo a un partido sin tener que perder nueve partidos antes. Podemos crear absolutamente cualquier situación en nuestra cabeza. Podemos ganarle a Alcaraz 10-8 en el súper del quinto set del US Open, pero también podemos imaginarnos sufriendo en un 4/4 del tercer set con nuestro compañero de entrenamientos que no falla una bola.

El poder de ser capaces de recrear cualquier situación de un partido y buscar soluciones antes de que suceda te dará muchos recursos. Por un lado, tendrás recursos psicológicos ya que un partido importante no será tan impactante si ya te lo has imaginado cientos de veces. Por el otro lado, estarás trabajando también aspectos tácticos que te ayudarán a la hora de tomar decisiones.

Hasta ahora no he añadido en este libro muchas experiencias personales, pero en este punto me gustaría añadir una situación que he vivido. Nos vamos a la noche anterior a mi debut en el Campeonato de España Universitario. Al día siguiente jugaba en el primer turno del día un partido muy ajustado, que se podía decantar para cualquiera de los dos. Esa noche me la pasé nervioso, pero sin utilizar ningún recurso ni de relajación ni de visualización. El miedo y la incertidumbre de no saber cómo era disputar un Campeonato de España me quitó de dormir, y me hizo empezar el partido con tanto miedo que un 5/4 30-40 para mí, en el que el rival hizo doble falta y por tanto me llevaría el set, acabó en miedo a cantar la bola y acabar perdiendo un set que había ganado. Tal era mi parálisis que no me paré ni a marcar el bote en la tierra.

Ahora mismo sé que si hubiese visualizado la situación de enfrentarme a un partido así (o incluso de más nivel), con lo que suponía estar en la concentración con el equipo de mi universidad en el hotel, el viaje, las acreditaciones… todo eso me hubiese ayudado a evitar el shock de enfrentarme de golpe a algo en lo que no me había parado a pensar hasta que me encontré en el lugar. De haber utilizado visualizaciones estoy seguro de que hubiese dormido bien la noche anterior, hubiese entrado con ganas y agresividad, como siempre juego; y no con un miedo extraño, no hacia el rival, sino hacia el torneo. Espero que con este ejemplo te ayude a entender la importancia y el valor que nos pueden aportar las visualizaciones. Esta estrategia te ayudará a sacar tu máximo nivel, no tengo ninguna duda.

LA ACTIVACIÓN

¿Qué es la activación? Podemos describirlo como el nivel de energía que utilizamos, o que estamos preparados para utilizar. Si entendemos la activación como esa disposición a actuar, con la energía que eso implica, sabremos ver si un tenista tiene un nivel de activación alto o bajo sólo con verlo jugar. Muchas veces confundimos activación con motivación o "ganas". En mi opinión se parece más a las "ganas" que, a la motivación, si bien la motivación influye mucho en el nivel de activación.

El nivel de activación es tan importante que le he dedicado un apartado especial para explicar cómo y por qué debemos regular este nivel. Vamos a ponernos en el caso de que un tenista mientras compite tiene un lenguaje corporal apagado, apático y nos muestra poca energía. Desganado. En este caso claramente podremos ver que ese jugador tiene un nivel de activación bajo. Con este nivel de activación no estaremos en condiciones óptimas para competir. Por lo tanto, un nivel de activación bajo es perjudicial para nuestro rendimiento en competición.

Pero vamos al caso contrario: el tenista al que vemos competir va acelerado, con las pulsaciones a 200, alterado, de un lado a otro entre puntos, con energía y nervios. Podremos inferir que en este caso el nivel de activación es muy alto. ¿Es bueno este exceso de activación? Realmente es igual de malo que en el caso anterior. A veces cuando no nos salen las cosas buscamos acelerarnos, aumentando el nivel de activación en exceso. Esto nos perjudica de dos formas: por un lado, no trabajamos con los ritmos y tiempos del partido, entrando en bucle y dándole ventaja a nuestro rival; y por el otro nos pasamos del *nivel óptimo de activación*, llegando a un punto en el que el exceso de activación nos perjudica.

Como acabamos de ver en los ejemplos, nuestro nivel de activación debe estar en un punto medio, nunca muy elevado ni por supuesto en niveles mínimos. Podemos ver los posibles niveles de activación como una U invertida, en donde el punto de mayor beneficio para nosotros será el punto medio, siendo los extremos enemigos de nuestro rendimiento.

¿Cómo mantengo el nivel de activación en un punto medio? En primer lugar, te recomendaría centrarte en tu lenguaje corporal. Si me muestro en actitudes dispuestas, con tensión competitiva en las piernas, manteniéndome en movimiento sin llegar a parecer un saco de nervios, y con una expresión facial de concentración. Además, la gestión emocional es fundamental en este aspecto. La euforia o el enfado derivado del resultado no acompañan, ya que son los principales elementos desreguladores de nuestro nivel de activación. Otro elemento muy importante es el control de las respiraciones y de las pulsaciones. Como te contaba al inicio de este capítulo, si antes de comenzar un punto nos activamos y subimos nuestro nivel de pulsaciones, estaremos empezando cada punto con el nivel necesario de energía.

Por último, el hecho de ser consciente de la necesidad de mantener ese nivel de activación en un punto óptimo añade un indicador al que prestar atención a la hora de competir. Si sé que debo tener un nivel de activación bueno, y que este nivel es en un punto medio, puedo regularme y centrar mi atención en esto si lo necesito. De no ser consciente de que existe un nivel de activación ideal, nunca lo podré gestionar ni regular.

ANALIZA AL RIVAL

Pongámonos en un día de partido. Antes de comenzar con mis rutinas de ese día (las veremos a continuación en el siguiente punto) me paro a pensar en mi rival. ¿Qué conozco sobre su tenis? ¿Cómo juega? ¿Cómo le tengo que jugar? Y nos encontraremos siempre ante dos situaciones: sé cómo juega o no tengo esa información.

Si sabes cómo es su tenis, tendrás una información muy valiosa que te ayudará a entrar en el partido con un plan para jugar adaptado a lo que conoces. Si no tienes esa información te voy a dar una serie de consejos para obtenerla antes de jugar. Si ya tienes la información te aconsejo que también utilices estos puntos para tener mejor información y, sobretodo, actualizada y detallada.

Quédate con esto: utiliza el *calentamiento*. En el peloteo previo al partido puedes llevar a cabo un análisis muy completo sobre tu rival y utilizar esa información a tu favor. Quiero que entiendas la importancia del análisis del rival con este ejemplo:

En una conversación en Barcelona con Josep Perlas, por aquel momento entrenador de Fabio Fognini, durante un clínic en el CAR de Sant Cugat me comentaba que su jugador tenía la capacidad de ponerle la bola al rival en el lugar exacto. Se habían dado cuenta de que si a Nadal le tiraban una bola que le entrase por la derecha hacia el cuerpo le hacían mucho daño. Fabio tenía la capacidad de tirar una bola con esos requisitos, entrando hacia el cuerpo de Rafa por su lado del drive, limitando mucho su capacidad. Este fue el jugador que cortó la racha de victorias de Nadal en Montecarlo 2019 por un aplastante 6/4 6/2 para meterse en la final. Sin haber llegado a esa conclusión tras analizar a Nadal, nunca hubiesen encontrado un punto débil con el que hacer tanto daño a un jugador imbatido en esa pista y en concreto en ese torneo. Hasta ese punto es importante este análisis, nos puede dar grandes ideas.

Te daré una serie de pasos por orden, para que puedas copiar en una nota y repasarla antes del calentamiento.

1. **Apoyos** y **movimientos**. Fíjate muy bien en cómo se coloca, cuándo se separa bien de la bola y en qué ocasiones le cuesta más.

Cómo se mueve para entrar en pista, cómo para salir y cómo va en movimiento lateral; cómo ajusta con la bola. Si se mueve mal al ir en movimiento lateral al revés, quédate con esa información. Pero cuidado, a la hora de apretarle por ese lado es importante entender que su punto débil será más flojo si la carrera es mayor, por lo que no compensa tanto comenzar tirando al revés forzando a que se mueva en dos pasos. Es mejor tirarle a la derecha y después cambiar rápido al revés. Así tendrá que dar seis o siete pasos para llegar a esa bola, maximizando las opciones de que apoye mal.

Tira bolas más largas y otras más cortas, así como alguna hacia los lados. De este modo verás cómo son sus movimientos. Presta atención también a la distancia del cuerpo a la que golpea, normalmente no pegamos igual de cerca en la derecha que en el revés. Si un golpe lo pega mucho más separado del cuerpo que otro, podremos usar esa información para atacarle al cuerpo por el lado por el que suele pegar más lejos.

2. **Punto de impacto**. Conocer a qué altura busca pegar a la bola es una información muy valiosa. Si su preferencia es pegar cerca del hombro podemos buscarle bolas más bajas, con menos efecto liftado. Y, por el contrario, si busca puntos de impactos bajos podremos apretar con bolas altas.

3. **Efectos**. Busca conocer qué efectos utiliza y sobretodo si hay diferencia entre golpes. No es igual un jugador que juega liftando de fondo con todos sus golpes que otro que tira de una derecha liftada con peso, pero un revés cortado. No deberíamos de jugar por igual a ambos jugadores. Conocer qué efectos utilizan también nos ayudará a entender qué golpes les harán más daño. A una derecha liftada le haremos más daño con un cortado que con otro liftado, y viceversa.

4. **Busca patrones en el saque**. A veces el lanzamiento varía si se va a buscar un saque a la T o abierto. En ocasiones incluso los jugadores se colocan diferente antes de sacar. *Incluso ha sido muy famoso el caso de Becker que sacaba la lengua en la dirección a la que iba a sacar.* Hay muchos patrones en los saques, todos solemos tener algo. Fíjate mientras tu rival calienta el saque porque te puede dar mucha información.

5. **Volea y juego de red**. Antes de parar a ver cómo analizar estos golpes de tu rival. Si te dice durante el calentamiento que no quiere calentar voleas ya sabes a qué zona de la pista tienes que traer a tu rival durante el partido. Esta situación se da muchas veces. Si llega a pegar voleas fíjate dos puntos: si espera la bola o si la va a buscar, y a qué altura volea. Si tu rival tiende a dejar que la bola le llegue, puede ser mejor tirarle más flojo y con efecto, más que tirar fuerte y plano, ya que de este modo se le quedará la bola más "pegada". En este punto es más importante ver el grado de soltura que tiene nuestro rival en la red, sobretodo de cara a plantearnos traerlos hacia delante si vemos que no está cómodo voleando.

6. **Estilo de juego**. A un nivel más general te sugiero que veas cómo busca jugar. Este punto es muy difícil de ver en el calentamiento, por lo que deberás estar más pendiente en los primeros puntos del partido. Si entra en pista a buscar la bola dentro, recupera muy

cerca de la línea y sus golpes tienen intención, estarás ante un jugador más agresivo que si por el contrario recupera más atrás, deja caer la bola para golpear y más que golpeos con intención tira bolas con mucho margen. El hecho de entender el estilo de juego de tu rival te ayudará a ajustar y adaptar tu plan de juego a su estilo.

7. **Las quejas son oro**. Cualquier queja, enfado, frustración… a raíz de un tipo de jugada tuya, o de un tipo de bola, o de un golpeo suyo con un golpe que no le gusta; lo que sea. Todo eso es la información más valiosa que tendrás durante el partido para conocer cómo hacerle el mayor daño posible. Te lo está diciendo, hazle caso. Esto no sólo ocurrirá durante el calentamiento, de hecho, lo más probable es que esto ocurra durante el partido. ¡Aprovéchalo!

LAS RUTINAS

Hemos visto millones de veces a Nadal colocar compulsivamente sus botellas de agua en línea recta en los cambios de lado, así como repetir exactamente la misma rutina de secarse y colocarse el pantalón antes de sacar. También hemos escuchado que su fortaleza mental es extraordinaria. No es coincidencia que uno de los jugadores con más "manías" del circuito sea uno de los más fuertes mentalmente.

En este capítulo hemos visto estrategias y pequeños "trucos" sobre qué debemos pensar, en qué centrar nuestra atención interna: pulsaciones, técnica sándwich, manejar los tiempos, gestionar emociones, manejar el nivel de activación, analizar constantemente… pero apenas he hablado de qué hacer más allá de la cabeza, cómo llenar ese tiempo con conductas externas como las del ejemplo de Nadal. Es importante darse cuenta de que si tengo muy pautado qué quiero pensar en cada momento del partido, y a su vez qué haré mientras dedico tiempo a pensar en todo ello, no estaré dejando tiempo a que mi concentración se disperse.

Para entenderlo mejor, si antes de sacar tengo una rutina de cuántos botes darle a la bola, cómo comenzar mi dinámica antes de lanzar la bola e incluso cómo quiero apoyar el pie antes de sacar, así como a dónde miraré antes de botar la bola; tendré una rutina física muy marcada que me dará un margen de unos diez segundos para llevar a cabo la última parte de la técnica sándwich.

La ventaja de tener rutinas va más allá de ganar espacios en los que llevar a cabo estrategias mentales. Con estas rutinas siempre constantes generamos una sensación de control y seguridad, ya que nos ayuda a sentir que siempre estamos en situaciones similares que conocemos y dominamos.

Llegados a este punto te pediré que cojas un nuevo papel, en el que debes plasmar claramente tus rutinas. Todos los puntos comienzan o con un saque o con un resto, por lo que debes tener clara tu rutina para ambas situaciones. Lo primero que debemos tener en cuenta es que la rutina para el saque deberá ser más larga que para el resto. Puedes dedicar sobre diez segundos para el saque, aunque no es necesario que sea tan larga, y aproximadamente la mitad para el resto. Trata de crear rutinas que sean fáciles para ti de llevar a cabo, que te den seguridad y que no sean impuestas "porque hay que tener una rutina". Absolutamente todo vale. Basta con ver el circuito.

Mi consejo es que en el saque comiences marcando dónde y cómo colocarás el pie delantero, cuantos botes quieres dar, dónde colocar la raqueta antes del lanzamiento y a qué zona de la pista mirar antes de sacar. Esto es sólo un ejemplo de los puntos que yo tengo en cuenta antes de hacer un saque. Además, es importante tener una rutina diferente para el primer y para el segundo saque. En mi caso la única diferencia es que para el primer saque boto siete veces la bola y en el segundo cuatro. Parecerá una tontería, pero el hecho de obligarme a botar cuatro veces antes de hacer un segundo saque me ha ayudado enormemente a bajar mi ratio de dobles faltas, ya que me impide apurarme a sacar tras fallar un primer saque. Ten en cuenta este dato para no hacer una rutina de segundo saque con un bote o dos, pero tampoco igual de largo que un primer saque.

Como ayuda complementaria, el hecho de tener esa rutina de saque muy marcada te permite hacer uso de la visualización como un pequeño apoyo a la hora de dirigir el saque. En mi caso si me veo ante un saque importante, que quiero pegar fuerte a una zona muy concreta, mientras boto siete veces la bola me visualizo totalmente haciendo ese saque a esa zona, con toda la sensación de cada parte de mi cuerpo implicada en hacer que la bola llegue a ese lugar. En el segundo saque no tenemos tanto tiempo, pero puede ayudar también. Es de los pocos momentos durante un partido en el que podemos echar mano de la visualización ya que es el único golpe en el que podemos pegar siempre igual ya que nosotros controlamos la pelota, y funciona muy bien.

Para la rutina de resto te recomiendo que primero te coloques en la zona que hayas elegido para restar. Ten en cuenta que no podemos usar la misma zona para todos los jugadores, ya que cada sacador es diferente. Debe ser una zona dinámica, pero esa información sobre dónde colocarnos la tendremos al analizar el saque del rival durante el calentamiento, por lo que la tendremos antes de comenzar el partido. Una vez nos coloquemos en la zona elegida mi consejo es a continuación coger la empuñadura que utilicemos para restar, nos pongamos en una situación dinámica, preparados para hacer un split step hacia delante y buscar la bola delante. Personalmente me gusta fijar la vista en la bola del sacador desde el momento en el que la tiene cerca de la raqueta, antes del lanzamiento. Así consigo mantener mi atención fijada en la bola mucho antes de estar en juego, asegurándome de que siempre estoy preparado para restar.

Además de estas dos rutinas tengo una "mini rutina" que utilizo en los momentos más tensos del partido, antes de un resto o un servicio. Antes de comenzar mi rutina habitual cojo todo el aire que puedo, me lleno, y al soltar el aire dejo caer los hombros. Con esto consigo aliviar tensión innecesaria en la parte superior y marco un corte a partir del cual me centro en el punto que viene a continuación.

Y llegados aquí ya tenemos las rutinas para antes de comenzar un punto, sea como sacador o como restador. Pero debemos tener una rutina pautada para llevar a cabo al finalizar los puntos. Esta rutina debe ser más flexible y dinámica que las anteriores por varios motivos. Por un lado, no todos los puntos duran lo mismo, no en todos los puntos iremos a la toalla, en ocasiones debemos de ir a por una bola, nos tenemos que adaptar a los tiempos que marca el sacador… Es por ello que como mínimo debemos escribir y entrenar lo que podemos llamar una *rutina objetivo* o *rutina ideal*. Con esto quiero que se entienda que nos marcaremos una rutina a llevar a cabo si disponemos del tiempo necesario, que después podremos acortar o ampliar, en función del tiempo disponible.

En mi caso mi *rutina ideal* es muy sencilla. Al finalizar el punto lo primero que hago es cambiar la raqueta de mano, así inconscientemente me estoy dando cuenta de que estoy en una situación diferente a la de luchar por el punto. Es ahí cuando comienzo a bajar pulsaciones y a llevar a cabo la primera parte de la técnica sándwich. A continuación, busco ir a la toalla (si tengo poco tiempo sólo unos pasos hacia el final de la pista). Al llegar llevo a cabo la segunda parte del sándwich, tanto si me estoy secando como si estoy yendo al fondo de pista o si estoy de camino a por una bola. En último lugar mientras me voy colocando para restar o sacar vuelvo a coger la raqueta con mi mano buena, haciendo en ese momento la tercera parte de la técnica y coincidiendo con el inicio de mi rutina de saque o de devolución.

Así conseguimos que nuestras rutinas entre puntos llenen el espacio vacío en el que "no tenemos nada que hacer". Evitando pérdidas de concentración y favoreciendo que llevemos a cabo las estrategias mentales que nos ayudarán entre puntos.

Del mismo modo que llegados a este punto tendremos por escrito nuestras rutinas para iniciar las jugadas como tras finalizar, debemos ahora pensar qué rutina queremos establecer en los momentos de cambio de lado cuando nos vamos a la silla. Antes de pararnos a ver cómo establecer esas rutinas hay que ir a un punto clave, ligado con el manejo de los tiempos. El tiempo de cambio de lado está claramente estipulado en segundos, no lo marca tu rival. Escribiremos una rutina que tenga en cuenta ese tiempo para respetarla siempre. Si tu contrincante cambia de lado y se va directamente a la otra pista está perdiendo una oportunidad de oro de llevar a cambo las estrategias de análisis entre juegos, así como tiempo de hidratarse o incluso comer algo y descansar. Ten esto en cuenta porque es muy relevante.

En este caso te recomiendo que en la rutina que establezcas incluyas momentos de hidratación. Lo ideal es beber un poco al comienzo y otro poco al final. Tenlo en cuenta a la hora de escribir la rutina para el cambio de lado. No es necesario establecer una rutina tan marcada como la del saque. Con marcar el orden en el que llevarás a cabo las acciones como beber o secarte, y el hecho de mantener un orden en tu banco ya es más que suficiente. Por ejemplo, yo busco tener el raquetero siempre a mi derecha, fuera sólo la botella de agua (o las dos si traigo electrolitos) y la toalla sobre mis rodillas. Al tener la preocupación de mantener ese orden nos evitamos otro tipo de preocupaciones externas al partido que no ayudan. Además, el hecho de tener ordenado nuestro banco nos ayuda a mantener la sensación de control durante el partido.

Ten tus rutinas claras, trabájalas y entrénalas. Al principio te recomiendo que una vez tengas todas tus rutinas para el partido bien estructuradas que organices partidos en los que no sólo juegues y compitas, sino que puedas trabajar la consolidación de estas rutinas y su integración dentro del partido; así como la de todas las estrategias de este capítulo.

Y llegados a este punto no guardes la hoja de las rutinas, porque aún debemos de establecer rutinas para momentos muy importantes: *rutinas para antes del partido* y *rutinas para después del partido*.

Antes de competir nuestros objetivos deben de estar muy claros: calentar físicamente, comenzar el proceso de concentración, preparar el enfoque de nuestra atención y comenzar a hidratarnos previo a la competición. Estos objetivos no son estancos, se interrelacionan. Tal es así que te recomiendo añadir a tus rutinas pre-partido ejercicios de reacción. Tenemos que calentar con las piernas, con los brazos, con el pecho... pero también con los ojos y con la coordinación. Hay una gran cantidad de ejercicios que puedes hacer acompañado, pero también sólo, con una pelota de reacción.

Antes de un partido es muy beneficioso echar mano de las visualizaciones para comenzar a experimentar las sensaciones que tendremos en un partido. Así entraremos en el partido ya metidos en sus dinámicas desde antes de comenzar. En estas visualizaciones debemos incluir nuestro plan de partido, y cómo lo llevaremos a cabo. En primer lugar, antes de comenzar con estas rutinas debemos haber establecido cuál de nuestros planes de juego utilizaremos en el partido (tendrás especial ventaja si ya conoces a tu rival). Una vez sepas cómo quieres plantear el encuentro, mientras lleves a cabo las visualizaciones ten en cuenta qué plan de juego estás siguiendo.

Si nuestro rival no lleva a cabo estas rutinas previas tendremos una ventaja inicial muy grande que nos puede ayudar a llevarnos los primeros juegos y a darle ritmo al partido, haciendo que nuestro rival se encuentre perdido y le cueste engancharse.

Volvemos a la hoja de las rutinas. Dedica un tiempo a establecer un orden de aquellas rutinas que quieres llevar a cabo antes de un partido. Te aconsejo que comiences por la preparación de tu bolsa, e incluyas todo aquello que quieres llevar a un partido. Incluye una lista con todo lo que no debe faltar en tu partido, a la que puedas acudir para confirmar que llevas todo. A continuación, te recomiendo añadir un ejercicio para aumentar pulsaciones, para activarte; otro para hacer trabajo reactivo o de coordinación y otro de gomas elásticas para comenzar el trabajo físico. El orden lo debes establecer a tu gusto. Mi recomendación es comenzar por gomas, hacer un poco de cardio y a continuación acabar con los ejercicios de reacción. Al finalizar puedes hacer visualizaciones del partido, o antes de estos ejercicios. Tú decides.

Establece tiempos y orden, como si de una agenda se tratase. Así tendrás una guía creada a la que simplemente tienes que mirar y seguir los pasos que te has marcado. Acuérdate de incluir momentos en los que hidratarte e incluso comer. Te recomiendo que, si tienes la opción, acudas a un nutricionista y te ayude a ver qué alimentos comer antes de competir, así como qué líquidos tomar. En mi caso mi nutricionista me había recomendado agua de coco mejor que un isotónico normal. Incluye en esta guía cuánto tiempo antes del partido comienza la primera parte. A más detalle y organización, más sensación de control y más alto rendimiento.

Y una vez finalizamos nuestro partido debemos tener claro qué haremos a continuación, ya que a esto le podemos sacar mucho jugo. En primer lugar, te recomiendo una rutina de recuperación, en la que tengas en cuenta la ducha, estiramientos o gomas y una rutina de descarga como puede ser hacer bicicleta estática a muy baja intensidad. Te aconsejo también ponerte en contacto con un preparador físico que te pueda guiar en esta rutina adaptando los ejercicios que mejor te puedan funcionar. La organización de esta rutina deberá ser como en la rutina pre-partido, estructurada en bloques de tiempo bien marcados. Pero aquí hay que añadir un nuevo bloque: el *análisis post-partido*.

Así como antes de comenzar la competición nos planteamos el plan de partido que llevaremos a cabo, al finalizar debemos analizar cómo ha sido nuestro desempeño. Te aconsejo utilizar siempre una pequeña libreta en la que puedas ir tomando estas notas al finalizar tus partidos, de modo que siempre tengas esa guía a la hora de poder plantear un nuevo partido y de organizar tus entrenamientos. Una vez finalice el partido, y no sigas con la tensión del encuentro, con calma, debes analizar en dos partes. En la primera debes analizar lo más importante, tu desempeño táctico. Responde las siguientes preguntas:

- *¿He planteado bien el partido?*

- *¿Mi plan de juego era acorde a la situación que me encontré?*
- *¿He sabido reconducir mi planteamiento y me he adaptado al partido?*
- *¿Me han superado los tiempos del partido o los he sabido gestionar?*
- *¿Me he dejado influir por el resultado o he ido punto a punto luchando por igual?*
- *¿He jugado según la situación? (por ej. no he atacado en defensas)*
- *¿Cómo me ha hecho daño el rival?*
- *¿Cómo le he hecho más daño?*
- *¿He sido capaz de transformar situaciones defensivas en opciones de ataque?*

En segundo lugar, te recomiendo un análisis mucho más sencillo, a modo de nota, donde apuntes muy resumidamente los aspectos técnicos que no te han salido bien, para conocerlos y poder tenerlo en cuenta a la hora de organizar los siguientes entrenamientos. Por ejemplo, si al desplazarte en un movimiento lateral te cuesta frenar sin tener que dar otro paso más de apoyo, lo apuntaré. Si el revés en defensa quedaba corto, también lo pondré en mis notas. Cualquier aspecto relacionado con el desempeño técnico deberías apuntarlo como aspecto a mejorar.

Es en los partidos donde de verdad conocerás tu nivel técnico. Entrenando es muy diferente, la tensión y los nervios no tienen tanto peso. Tampoco se dedica la misma atención en un partido de tenis que en un entrenamiento, como veremos en el siguiente punto. Y es que al competir dejamos de centrarnos en cómo darle a la bola para pensar en qué hacer con ella. Por eso si nuestra técnica no está consolidada y no somos capaces de llevarla a cabo inconscientemente, se verá en competición.

Por último, te recomiendo un tercer punto de análisis sobre el partido: analiza a tu rival. He conocido muy buenos jugadores que tienen un archivo alfabético donde organizan a sus rivales, para que en el momento de tener que crear un plan de partido para enfrentarse a ellos poder tirar de sus datos. Quizás puedes pensar que esto es demasiado, o incluso imposible. La realidad, por lo menos en el tenis amateur, es que solemos jugar contra los mismos jugadores constantemente. El hecho de tener esta guía es una ayuda muy grande.

La principal ventaja de este análisis es que se lleva a cabo al finalizar el partido, por lo que tenemos la información muy fresca. Tendremos información tanto de táctica como de puntos débiles en la técnica de nuestro rival. ¿Cómo hacemos este análisis? Te recomiendo hacer una pequeña lista con puntos fuertes y puntos débiles. Ten en cuenta cómo te ha hecho daño, cómo le has podido llegar a hacer daño y también tus sensaciones durante el encuentro. Apuntar todo esto al finalizar es una gran fuente de información que será súper útil para repasar antes de volver a enfrentarte al mismo rival. A continuación, te recomiendo desgranar ese análisis en cuanto a los puntos fuertes del rival si tienes alguna idea de cómo mitigarlos, o incluso si en algún momento del encuentro has podido con ellos. Apuntar estos detalles te ayudará para un futuro.

FOCO ATENCIONAL

La principal diferencia entre un entrenamiento y un partido de tenis es la dirección de nuestra atención. Es por esto que a lo largo del libro te he recomendado en varias ocasiones que organices algún partido de tenis para practicar ciertas estrategias. Otro de los motivos es para poder trabajar esta diferencia en el foco de nuestra atención.

En un entrenamiento debemos prestar atención hacia nuestro juego, entendiendo esto como un foco cerrado e interno. Aquí incluyo sensaciones como el movimiento de la raqueta, la transferencia de peso a la bola, los apoyos, cómo acelero la punta de la raqueta, cómo utilizo el brazo no dominante y el pecho para generar fuerza... en resumen, centramos la atención en aspectos *técnicos*. La técnica está relacionada con tu forma de ejecutar los golpes, depende de ti al cien por cien. De este modo, en un entrenamiento debemos de tener la atención fijada en estos aspectos. Pero si el entrenamiento tiene un objetivo táctico (entendiendo que nuestra técnica ya nos permite pasar a trabajar aspectos tácticos), nuestra atención tiene que abrirse mucho más y salir al otro lado de la red.

Antes de continuar me gustaría explicar la diferencia entre táctica y técnica según Johan Cruyff:

"La táctica es la que me dice a dónde quiero que llegue la pelota, la técnica es la que me dirá en qué condiciones llega"

Esto implica que no podemos trabajar por igual aspectos técnicos que aspectos tácticos a nivel atencional. Cuando tu objetivo de trabajo sea un aspecto técnico, centra tu atención en tu desempeño, quédate en todo lo que esté en tu lado de la red. Si trabajas aspectos estratégicos tu atención debe pasar al otro lado de la red, a tu contrincante. Es complicado trabajar simultáneamente aspectos técnicos y tácticos a la vez porque implican atenciones diferentes. Es por esto que te recomiendo trabajar por separado según tus objetivos.

Pero es de esta diferenciación de la atención de dónde tenemos que sacar un aspecto muy importante para los partidos que jugamos: en un partido de competición nuestra atención tiene que estar en todo lo que implica a mi rival y a la bola. Esto incluye lo que hago con la bola que me llega y a dónde la envío. Si en un partido tengo un foco de atención interno y cerrado tendré muchos problemas para poder pensar en estrategia durante los puntos.

Por ejemplo; en una competición no debo pensar en qué hago con mi mano mientras lifto una derecha, ya que es un foco atencional muy cerrado, tremendamente específico e interno, ya que no sólo pienso en técnica sino también en sensaciones. Por el contrario, si pienso en cómo llevar a mi rival hacia atrás en la pista, estaré pensando en un aspecto estratégico muy importante, que indirectamente puede impactar en cómo lifto a la bola. Pero mi atención estará centrada en lo que toca, en resolver un problema táctico.

En resumen, durante un partido trata de evitar focos atencionales cerrados centrados en ti y busca que tu atención sea más amplia, con el objetivo de trabajar el punto desde la táctica. Podríamos comparar la atención necesaria para un partido con la visión que tenemos de la pista de tenis desde la televisión. Ahí vemos la posición de ambos jugadores, a la bola, y cómo van creando jugadas y patrones tácticos. Ese proceso de abstracción para verse desde arriba o, mejor dicho, para entender en todo momento dónde están colocados los tres elementos importantes en un partido (ambos jugadores y la bola) es clave para poder sacar el máximo rendimiento a tu fuerza estratégica.

ADHERENCIA

Hemos visto las estrategias mentales para trabajar durante los entrenamientos y poder utilizar en nuestros partidos. Estas estrategias son también objetivos de trabajo que te deberás marcar en tu hoja de objetivos como hemos visto en el primer capítulo. En este capítulo dedicado a la adherencia te traigo lo que, para mí, marca la diferencia en el desarrollo de un tenista.

¿Qué es la adherencia? No te voy a poner una definición de manual de psicología deportiva. Quiero que entiendas este concepto de este modo: es todo aquello que hago que me ayuda a conseguir mis objetivos. Absolutamente todo. Son conductas que no tenemos por qué hacer, las hacemos para añadir un "extra".

Pondré una lista de ejemplos para que se entienda mejor, que a su vez podrás tomar como referencia para incluir en tu preparación semanal de entrenamientos:

- *Tener una rutina cuidada de sueño.* Esto implica cuidarse de pantallas de luz azul en las últimas horas del día, mantener una rutina de horarios fijos e intentar dormir ocho horas diarias.
- *Incluir en el día a día trabajo de prevención de lesiones.* Estiramientos, electroestimuladores, trabajo con gomas elásticas…
- *Puntualidad.* Llegando a los entrenamientos incluso antes de tiempo.
- *Rutinas pre-entrenamiento.* Realizar calentamientos específicos.
- *Registro de entrenamientos.* Llevar un registro de entrenamientos.
- *Hoja de objetivos.* Crear una hoja de ruta.
- *Crear un calendario.* Organizar la temporada.
- *Cool down.* Rutina al finalizar el entrenamiento.
- *Organizar la semana de entrenamiento.* Estructurar la semana.
- *Trabajo físico extra.* Añadir sesiones extra de trabajo fuera de pista.

Esto son sólo algunos ejemplos de lo que podemos considerar adherencia. Vamos a comenzar primero pautando una serie de conductas que podremos llevar a cabo mejorando así nuestra adherencia, y organizándolas a lo largo de la semana. Antes de nada, debes tener claro que el hecho de ir siguiendo todo el trabajo que se propone a lo largo del libro ya es un indicador clarísimo de una buena adherencia, y es un seguro a largo plazo que te ayudará a mantener esa adherencia.

No podemos obligarnos a tener adherencia, ni pautarla en un papel. La clave de esto es que nos salga de dentro. Influye en ello la motivación, el interés, la disciplina… Pero si tienes ese "extra" que sale de dentro, le podrás sacar el máximo a lo que te propongo en este capítulo.

En primer lugar, coge una nueva hoja. Aquí te propongo que escribas todas aquellas conductas, ejercicios o hábitos que puedas añadir a tu día a día, encaminados a mejorar tanto tu salud como tu entrenamiento. Busca escribir todo aquello que sepas que puedes cumplir. No tienes que levantarte a las cuatro de la mañana a hacer burpees para ser un tenista con adherencia. Pero sí puedes mantener un horario de sueño, o una rutina de visualizaciones de diez minutos al día. Prioriza la coherencia a las "soluciones mágicas".

En este capítulo no te pido que pienses tanto en el tenis en sí, sino en tu día a día; en tus hábitos diarios. Es ideal que recojas en ese papel pequeños hábitos que puedas llevar a cabo sin apenas esfuerzo. Cuantos más hábitos recojas, mayor será su impacto. Por ejemplo:

- No utilizar el teléfono móvil desde las 21h.
- Beber al menos un vaso de agua cada hora.
- Cambiar un alimento procesado de tu dieta por uno natural.
- Rutina de cinco minutos de estiramientos a primera hora de la mañana.
- Evaluar mi día antes de dormir y planificar / reestructurar el día siguiente.
- Llevar un control de horas de sueño y de peso.

Estos son solo pequeños ejemplos de hábitos que no robaran apenas tiempo de tu día a día, pero que suman a todo este proceso de adherencia. Te ayudan a acercarte a tu objetivo.

Ahora, por separado de las anteriores, te pido que escribas todas las rutinas, ejercicios, estiramientos… que consideres que puedes añadir a tu día a día. Por ejemplo:

- Rutina de prevención de lesiones (ejercicios, compex, estiramientos, yoga...).
- Ejercicios de entrenamiento en visualización o visualizaciones.
- Fisioterapia.
- Toma de notas, análisis, evaluación, organización y reestructuración de entrenamientos.

A continuación, vamos a pensar en una semana de entrenamientos, y en cómo incluir todas estas rutinas y hábitos dentro de la misma. Si tienes la posibilidad de mantener tu semana de entrenamientos con un horario pautado que se mantenga cada semana sería ideal. Es en este punto en el que te propongo que crees una semana de entrenamientos con horarios para cada día. Ahí debes incluir por un lado los entrenamientos fijos (tanto de tenis como de físico). Una vez tengas esos horarios marcados, incluye los hábitos, rutinas, ejercicios y estiramientos que hemos creado en este capítulo.

Ten en cuenta que es importante marcarse horarios en todo aquello que podemos seguir. No pongas en tu calendario que dedicarás tres horas al día a rutinas fuera de los entrenamientos fijos si no lo puedes cumplir. Además, te aconsejo que comiences sólo con lo que puedas cumplir de primeras, con la idea de poder añadir más rutinas en un futuro. Es mejor ir de menos a más que querer empezar con todo y no cumplir la primera semana.

En este pequeño capítulo he buscado la independencia de la adherencia frente a las herramientas que he mostrado anteriormente ya que es un aspecto del tenis (y de la vida) separado. No es tan concreto como puede ser la técnica sándwich o el trabajo con las respiraciones y pulsaciones, pero sin duda es una de las claves para sacar el máximo rendimiento de cada tenista.

Llegados a este punto hemos visto los seis grandes bloques: **técnica**, **táctica**, **físico**, **mental** y **adherencia** sobre los que debemos fijar objetivos de trabajo por escrito para incluir en nuestro entrenamiento. Seguir y cumplir con estos marcadores de trabajo son nuestro GPS para llegar a nuestro mejor nivel. Si ya tienes todo este trabajo que hemos ido siguiendo desde el comienzo del libro ya podrás seguir a la segunda parte: el *diseño de la temporada*.

DISEÑO DE LA TEMPORADA

Tenemos claro qué queremos trabajar, ahora debemos organizar todo ese trabajo pendiente teniendo en cuenta cuándo y cómo podremos hacerlo. En tenis, y en ningún otro deporte, no todo el año es igual. La competición nos marcará los tiempos, dejando momentos en los que poder dedicarse más en profundidad a trabajo técnico y físico, otros en los que poder hacer más táctica y otros en los que la prioridad sea el descanso, por ejemplo.

Antes de continuar en esta explicación me gustaría comenzar por lo que para mí es el aspecto fundamental a la hora de organizar una temporada: *El descanso es parte del entrenamiento*. El mayor error de entrenadores, madres y padres, y por supuesto de jugadores es cargarse de partidos y de horas de entrenamiento, llegando a no descansar en meses. Esto no sólo nos carga a nivel físico, sino que nos hace acumular una carga mental muy pesada, que no se irá con unos días de fisioterapia y reposo. La carrera tenística es una maratón, no se gana en los primeros cien metros.

Por lo tanto, el descanso no debe ser sólo físico, sino también mental. No quiero que entiendas que esto implica no hacer ejercicio. De hecho, no tiene por qué ser así. Lo que implica es una desconexión. En momentos de "descanso" debemos buscar actividades que nos ayuden a desconectar: reuniones sociales, otro deporte, lectura, estudio, videojuegos, viajes... A veces estos pequeños periodos sin tenis son los que te hacen volver con más ganas que nunca. Respeta los descansos y busca espacios para incluirlos. Son parte del entrenamiento y de la temporada.

Ahora sí, vamos a comenzar con el diseño y la planificación de la temporada. Te pediré tres cosas: por un lado, un papel para comenzar con las primeras notas y por el otro que tengas un programa informático que te permita organizarte bien. Excel o las hojas de cálculo de Google son ideales. Además, al finalizar todo el proceso te recomiendo utilizar un calendario como el de tu teléfono o también el de Google para marcar cada día. Todo este proceso es laborioso, pero este esfuerzo se verá recompensado.

En primer lugar, si te encuentras organizando tu temporada a la mitad de la misma o vas a comenzar a organizarte antes de que empiece, te recomiendo seguir el orden que te propongo. Tendrás que adaptarlo a tu realidad, y a la distancia frente a las competiciones, así como al tiempo disponible. Si tienes la ventaja de que aún no has comenzado la temporada estarás antes una gran ventaja.

Vámonos al papel. Dibuja una línea temporal, y divídela aproximadamente en doce meses. Debajo de estos meses iremos apuntando los diferentes bloques. ¿Cómo haremos esto? Veamos primero qué debemos incluir en cada bloque.

PRETEMPORADA

Este es el mejor momento para los cambios técnicos, para consolidar las herramientas mentales y para alcanzar el nivel físico óptimo para competir. Podemos entender este bloque como la fase de estudio antes de un examen. Los mayores cambios en todo tu juego se conseguirán aquí. Es por esto que te recomiendo que esta fase sea de al menos un mes. La duración de la pretemporada dependerá de tu nivel antes de comenzar, y de todos los objetivos de trabajo que te hayas marcado. Que en este bloque sea el mejor momento para trabajar no significa que no podamos tener objetivos de trabajo para el resto de la temporada, en absoluto; pero es aquí cuando nos debemos sacar de encima los más importantes.

Como ejemplo, no iremos a competir si nuestro saque tiene unas grandes carencias técnicas, o si no somos capaces de aguantar un peloteo de veinte minutos sin ahogarnos. La pretemporada es el momento de ponerse fuerte, pulir técnica, consolidar rutinas y estrategias mentales y comenzar con trabajo táctico. Si nuestro tenis necesita mucho trabajo antes de competir, la pretemporada será mucho más larga que si simplemente necesitamos pulir pequeñas cosas. Por lo tanto, una vez tengamos los objetivos de trabajo que hemos visto en los primeros capítulos del libro, tendremos una imagen clara de todo lo que tenemos pendiente de trabajar y el grado de importancia de cada uno.

En este momento de pararse a organizar la temporada debes de tener claro el nivel de carga de trabajo que necesitas para poder superar los objetivos de cada bloque de trabajo para permitirte competir en buenas condiciones. Es una decisión personal, no te diré *"tienes que tener todas las estrategias mentales súper consolidadas*" o "*tienes que tener una técnica perfecta*" porque eso no es real, y nunca se consigue tener todo perfecto. Lo importante es tener todo lo mejor trabajado posible para poder competir en condiciones. Esto es, si tu tenis te permite llevar a cabo tu propuesta táctica en un partido, tu físico acompaña y sabes gestionar los momentos que van surgiendo en un partido de tenis; a priori, puedes competir.

Por lo tanto, este "trabajo clave pendiente" es el que te ayudará a marcar la duración de la pretemporada. Te puede ayudar el hecho de comenzar los primeros días de la pretemporada (y te recomiendo) midiendo los valores que quieres trabajar. Por ejemplo, un test de velocidad en pista con cambios de dirección (test de la araña o de Course Navette), medir tu peso y tu índice de masa corporal o una prueba de juego con zonas marcadas para medir tu capacidad de control de bola en las diferentes situaciones de juego. No voy a profundizar en estos tipos de mediciones porque realmente no son necesarias si no compites a nivel profesional, con todo lo que hemos ido trabajando hasta ahora es más que suficiente y ya implica un trabajo grande.

Una vez conocemos la duración de nuestra pretemporada, lo plasmaremos en el calendario, con fecha de inicio y final. Te recomiendo trabajar siempre por semanas. Mínimo cuatro semanas, máximo nunca pasaría de nueve o diez. Una vez tenemos establecida la semana de inicio y de final, deberemos estructurar esa semana.

Comenzaremos creando la primera hoja de cálculo, Excel o el programa que tengas. Te recomiendo una hoja de cálculo como las de Google ya más adelante que necesitaremos la opción de tener varias columnas. En esta hoja plasmaremos una fila por cada semana de pretemporada. El año tiene 52 semanas, por lo que necesitaremos ese número de filas. Te aconsejo poner "*semana 1*" y a continuación "*pretemporada*". Así con todas las semanas que hayas marcado para la pretemporada. Más adelante veremos cómo crear de forma completa esta programación.

En cuanto a la planificación semanal de la pretemporada de recomiendo ir a un calendario como el de Google o el que utilices habitualmente. En él, iremos día a día marcando el trabajo de cada día. Te recomiendo que comiences marcando los entrenamientos en pista, ya que suelen ser lo que más limitación de horarios suelen tener. A continuación, marca horarios para trabajo físico teniendo en cuenta los huecos que quedan. De nuevo, cómo he explicado anteriormente, busca establecer cargas de trabajo realistas que puedas cumplir. No sólo a nivel de horarios, sino a nivel de esfuerzo. No tendrá sentido marcarse seis horas de trabajo diario si vienes de no hacer deporte, o si no dispones del tiempo necesario.

Estas cargas de trabajo se tienen que adecuar también a tus objetivos, tanto en horarios como en intensidad.

En tercer lugar, marcaremos rutinas de prevención de lesiones y de recuperación, como estiramientos o trabajo de fortalecimiento con gomas. Aquí podemos influir sesiones de fisioterapia también. En cuarto lugar, te recomiendo marcar trabajo de visualizaciones y otras herramientas mentales. Alguna de ellas, como el trabajo con respiraciones y pulsaciones o la técnica sándwich las trabajarás en pista. Las que puedas trabajar desde casa como el entrenamiento en visualización y más adelante las visualizaciones, te recomiendo pautarlas dentro de tu rutina semanal de pretemporada y más adelante de competición.

Por último, te aconsejo que dediques diez minutos al finalizar el día a evaluar el trabajo que has hecho durante esa jornada, a pensar si hay cosas que cambiar, mejorar o reestructurar; en definitiva: a analizar el trabajo de ese día. También a organizar y estructurar cualquier cambio que necesites para el día siguiente.

Por lo tanto, siguiendo estas pautas tendrás un calendario semanal para cada día de la pretemporada con todos los horarios marcados. Este nivel de organización ayuda a mantener y seguir esa carga de trabajo, lo que te va a facilitar el proceso de adherencia y además te ayudará a mantener la motivación ya que irás viendo progresos mientras continúas entrenando.

COMPETICIÓN

El bloque sobre el que todo gira, para el que nos preparamos. Vamos a ver cómo organizar la competición dentro de nuestra temporada. En primer lugar, te aconsejo hacer entre dos y tres bloques de competición, añadiendo por el medio entre una y tres semanas de entrenamientos. De este modo estaremos pautando tiempos en los que parar, reajustar y medir el progreso, así como marcar nuevos objetivos acordes a nuestro progreso.

En este punto sólo marcaremos las semanas en las que el tipo de semana será de competición. Esto no implica que estemos jugando un torneo, sino que los entrenamientos tendrán objetivos diferentes. En un bloque de competición estaremos entrenando principalmente objetivos tácticos, haremos sólo ajustes técnicos, la preparación física estará orientada al mantenimiento y a la prevención de lesiones, no a aumentar fuerza y resistencia principalmente.

Estamos comenzando la organización de la temporada con estos grandes bloques porque lo prioritario es entender el objetivo en el que nos encontramos durante una semana. El tipo de semana me marca todo: mis objetivos de trabajo y mis entrenamientos. Deben ser diferentes en función de en qué momento de la temporada me encuentro. Esta es una de las claves para sacar lo máximo de tu tenis, y para esto no necesitas un entrenador. Es más, estoy cansado de ver a entrenadores de tenis que entrenan exactamente igual a lo largo de todo el año. En clubs pequeños y en grandes academias. Es un error muy grande en el que es muy fácil caer. Para evitarlo me he parado a explicarte esto. Según la semana será mi trabajo. Por eso es primordial establecer este orden.

Entre la pretemporada y la competición te aconsejo dejar al menos una semana dedicada sólo a entrenamientos. Veremos en el siguiente apartado qué diferencia una semana de pretemporada a una de entrenamientos. Teniendo eso en cuenta marca en tu hoja de cálculo las semanas que quieras dedicar a competición (lo que no implica directamente estar jugando torneos esas semanas). Aquí influyen muchos factores como tu disponibilidad, tus posibilidades de movilidad geográfica, presupuesto... pero también la cantidad de torneos disponibles. Si entre diciembre y enero apenas hay torneos ITF no te recomiendo utilizar esas semanas para competición. A su vez, si juegas torneos nacionales esa época quizás es un buen momento para establecer ambos meses como tiempo de competición ya que seguramente haya torneos de navidad y eliminatorias de interclubs.

Ten en cuenta todos estos factores para crear estos bloques. Es muy difícil que te pueda decir exactamente en qué semanas marcar cada uno, por lo que aquí tendrás que decidir por tu cuenta. Así como entre pretemporada y el primer bloque de competición dejábamos al menos una semana para entrenamientos te recomiendo hacer lo mismo entre bloques de competición. Cuanto más competimos más vicios técnicos cogemos, por lo que te recomiendo pautar entre dos y tres semanas de entrenamientos para limpiar golpes e incluso "desconectar" de la tensión competitiva.

Incluso dentro de estos bloques intermedios de entrenamiento podemos incluir semanas de descanso. Lo veremos más adelante.

El principal inconveniente a la hora de establecer estos bloques es conocer qué torneos jugaremos. Si aún no tienes disponible un calendario para todo el año te aconsejo acudir a tu federación nacional y ver el calendario del año anterior. Será una buena guía para establecer tus bloques. A su vez, si juegas ITFs o quieres comenzar a competir en el circuito internacional te recomiendo hacer lo mismo en la web de la federación internacional. Aquí aparece un problema, ¿qué torneos jugaré si dependo de un ranking? Es por esto que fijaremos varias opciones. Como comentaba anteriormente, en la hoja de cálculo necesitaremos varias columnas. Esto es para establecer diferentes opciones o prioridades en función de los torneos que queremos jugar.

Pondré un ejemplo: estas opciones pueden ser incluso que mi *prioridad 1* para la sexta semana de mi temporada sea *competición* (torneo nacional), pero mi *prioridad 2* sea *entrenamiento*. O, por otro lado, mi *prioridad 1* es jugar un ITF pero depende del *entry list*, en ese caso mi *prioridad 2* será un *torneo nacional* y mi *prioridad 3* será *entrenamiento* (en bloque de competición).

Trabajando con estas filas en funciones de las prioridades nos permitimos una estructuración dinámica y flexible, no rígida y cerrada. Además, nos ayuda a mantener varias opciones en el punto de mira y a abrir a un mayor número de opciones cuanto más tiempo falte para llegar a ese momento. Es mucho más fácil organizar la temporada a cinco semanas vista que a cinco meses. Por ello es que necesitamos un calendario con diferentes prioridades para poder elegir la más conveniente llegado el momento.

Establece opciones de tipos de torneos para cada semana, dejando siempre varias opciones. En semanas de torneos que no tengas claro si habrá opciones de competir te recomiendo que siempre dejes una opción de *"semana de entrenamiento con objetivos de competición"* por si finalmente no aparece la opción de competir.

Aquí dejo un pequeño ejemplo de cómo se vería:

	Prioridad 1	Prioridad 2	Prioridad 3
Semana 6	*Entrenamiento*	*---*	*---*
Semana 7	*Torneo ITF*	*Torneo nac.*	*Entrenamiento*
Semana 8	*Cto. España*	*Torneo nac.*	*Entrenamiento*
Semana 9	*Descanso*	*Entrenamiento*	*---*

A más distancia con la semana de la temporada, te recomiendo un mayor número de opciones y prioridades. Del mismo modo, cuanto más cercano (al menos los dos primeros meses) intentaría mantener una estructura con máximo dos opciones de semanas.

En estas semanas es mucho más complicado pautar una semana tipo, con horarios, como hemos hecho en pretemporada ya que dependeremos enormemente de la competición a nivel de horario, desplazamientos, pistas disponibles... por lo que aquí iremos semana a semana.

Si en este bloque nos encontramos con una semana disponible para entrenar te recomiendo tirar de la semana tipo que crearemos en el siguiente punto, sin olvidarse de que necesitaremos adaptarla a las necesidades y objetivos del bloque de competición: con cargas adaptadas y objetivos principalmente tácticos.

ENTRENAMIENTOS

Estas semanas son aquellas en las que el objetivo prioritario será el de realizar ajustes muy específicos sobre trabajo técnico y un poco más generales en trabajo táctico. Podemos trabajar todo lo que necesitemos en estas semanas y la carga de trabajo físico puede ser mayor que en una semana de entrenamiento durante un bloque de competición.

Entendiendo esto intentaremos fijar semanas de entrenamiento en todos los espacios que hayamos dejado libres entre los bloques de competición.

Alguna de estas semanas de entrenamiento después veremos que pasarán a ser de descanso. Pero por ahora lo marcaremos así.

Las semanas de entrenamientos podremos marcarlas entre giras (si compites a nivel internacional) o en momentos en los que la carga de torneos es más baja. Sea como fuere, al tener los bloques de competición ya marcados estas semanas estarán ya estructuradas. Es importante entender la diferenciación que hago entre una semana de "entrenamiento" y una de "competición". En ambas semanas podremos entrenar, pero la diferenciación será que en la semana en la que entreno dentro del bloque de competición la carga y los objetivos serán muy diferentes a las que encontraremos en los entrenamientos de una semana que está dentro del bloque de entrenamiento. Cambian los objetivos y cambian las posibilidades de trabajo, ya que en una semana del bloque de competición no nos pondremos a entrenar físico como si estuviésemos en pretemporada, ya que llegaremos más bajos de energía a la siguiente semana en la que posiblemente tengamos un torneo.

Del mismo modo en el que en pretemporada marcábamos una semana tipo, haremos lo mismo ahora. Marca los horarios en tu calendario de la primera semana de entrenamientos que hayas marcado, teniendo en cuenta cuándo estarás en pista y cuándo harás entrenamiento físico, rutinas de prevención, fisioterapia, ejercicios de visualizaciones... Esta semana puede incluso coincidir en horarios con una semana de pretemporada, pero las cargas deben estar ajustadas al objetivo.

Te recomiendo añadir al final de una semana de entrenamientos un pequeño tiempo en el que pararte a analizar cómo ha sido la semana y qué objetivos se han alcanzado y cuales no. Esto es especialmente útil si la semana siguiente es también de objetivos, ya que te ayudará a reestructurar y organizar los objetivos para la siguiente semana.

Otra de las diferencias con la pretemporada es que en este bloque deberías incluir más trabajo con juego real, como partidos o pequeños tramos de juego real contra rivales de tu nivel. Mi consejo es que estas semanas se estructuren de más técnico a más táctico según va avanzando la semana. Esto obviamente dependerá de tus posibilidades para entrenar. Si entrenas en pista todos los días te recomiendo que a principio de semana lleves a cabo un trabajo más técnico, orientando tu atención hacia ti y tus golpes; y según avance la semana ese trabajo vaya llevando tu foco atencional hacia el otro lado de la red, hacia tu rival y cómo desarrollar tu juego.

No te olvides de añadir días de descanso a lo largo de la semana. Descansar también es entrenar.

DESCANSOS

Como último bloque de la temporada nos falta añadir los periodos de descanso. Mi recomendación es, en primer lugar, establecer semanas de descanso al finalizar el bloque de competición (entre una y tres, siendo prioritario sólo una) y un gran bloque al finalizar la temporada. De nuevo, hay muchos factores que influyen en cuándo marcar los tramos de descanso. Sólo te diría que evites marcarlos directamente antes de un bloque de competición y entre pretemporada y competición. A su vez, al volver de un periodo de descanso la siguiente semana debe ser siempre de entrenamiento, no de competición.

Ten en cuenta que las semanas de entrenamiento son muy necesarias. Si juegas dieciocho o veinte torneos al año, eso te deja más de treinta semanas sin competir. En todo este espacio de tiempo tenemos que descansar para recuperar y también por uno de los principales motivos: la desconexión.

Entiende que una semana de descanso no significa una semana de sofá y televisión. De hecho, no debería de ser eso en absoluto. Trata de hacer cosas que te ayuden a desconectar. Un día de descanso en casa tampoco es malo en absoluto, pero lo ideal es buscar un equilibrio sano. Te daré una serie de puntos para ayudarte a encontrar opciones para este tiempo de descanso:

- *Descanso activo*, es la realización de actividades de bajo impacto como caminar, nadar o ir en bicicleta en una intensidad moderada. Estas actividades ayudan a mantener la circulación y mejoran la recuperación muscular.

- *Estiramientos*, nos ayudará a aliviar la tensión muscular acumulada durante las semanas previas.

- *Fisioterapia*. Para abordar cargas de estrés muscular y evitar que puedan derivar en lesiones. En este caso hablamos de fisioterapia preventiva. Si ya sufres alguna lesión ya no hablaremos de semana de descanso, sino de semana o semanas de tratamiento de la lesión.

- *Hidroterapia*. Los baños de agua fría y caliente ayudan a aliviar la inflamación y a mejorar la recuperación. Además, tienen un beneficio mental asociado a la relajación y el bienestar derivado de estas terapias.

- *Actividades relajantes*, como leer, meditar o disfrutar de la naturaleza, reduciendo el estrés.

- *Proceso de reflexión*. Es cierto que te he pedido que busques desconectar del tenis, pero en ese proceso de desconexión te pido también que hagas un análisis desde fuera, desde lejos, de cómo está siendo el proceso de trabajo que estás llevando a cabo, cómo te sientes, cómo vives el día a día, si disfrutas o no, y cómo mejorarías todo lo relacionado con ello. Es un punto importante, y para poder verlo desde fuera con una visión más amplia es necesario que sea durante este proceso de desconexión, en el que estamos más apartados de las pistas.

- *Ocio y conexión social*. No puede faltar la posibilidad de disfrutar de tus amigos y de planes de ocio. Esto puede incluir viajes, festivales de música, comidas con amigos... Lo que entendemos realmente por vivir. No debería de faltar en tu día a día, si bien aquí no hay horarios marcados ni preocupaciones.

Llegados a este punto tendrás tu línea temporal con los diferentes bloques, una hoja de cálculo con las diferentes opciones para lo largo de la temporada y una planificación por semanas adecuada al tipo de semana y los objetivos de ese momento. Esto es alto rendimiento. Enhorabuena, estás mucho más cerca de sacar tu máximo. Sobra decir que no llega sólo con escribirlo y organizarse, hay que cumplir.

Antes de pasar al siguiente capítulo quiero ayudarte a entender, desde mi punto de vista, cómo elegir torneos; sobre todo de cara a ese momento de la temporada en el que tenemos varias opciones de torneos.

ETAPAS EN COMPETICIÓN

En tenis disponemos de múltiples opciones de competición, a diferencia de otros deportes como el fútbol o baloncesto. Tenemos torneos no federados, torneos sociales de club con puntuación para el ranking nacional, torneos nacionales abiertos, campeonatos nacionales, campeonatos nacionales universitarios y torneos internacionales; dentro de los cuales también tenemos una gran diferenciación en cuanto al nivel.

Pero ¿cómo y cuándo debemos pasar de nivel de torneos? Es una pregunta compleja con varios factores implicados que hay que tener en cuenta a la hora de responder. A priori, cuanto antes subamos el nivel de los torneos en los que competimos, mejor. Pero claro, si no estamos preparados para ese cambio será algo muy negativo.

Un segundo punto para tener en cuenta es que los diferentes niveles de los torneos de tenis no son bloques estancos en los que si entro a competir en un nivel me mantengo y nunca vuelvo atrás. Al contrario, cuando comenzamos a competir en torneos de niveles superiores lo ideal es ir compitiendo esporádicamente en estos nuevos torneos, manteniendo la competición en los niveles anteriores. Si por ejemplo estoy jugando torneos nacionales en mi región, como puede ser Galicia, antes de pasarme a competir torneos ITF quizás tiene más sentido antes comenzar a jugar torneos nacionales en zonas con más nivel como puede ser la zona de Barcelona y todo el levante en general, comunidad de Madrid o Baleares. Serán torneos nacionales igualmente, pero el nivel será un poco superior. Si combino esa subida de nivel con continuar en mis torneos cerca de mi lugar habitual, iré ganando exigencia poco a poco y no me veré de repente de estar compitiendo contra los mismos jugadores tras varios años a verme en un torneo internacional con gente de muy bien nivel.

Esta aproximación sistemática, poco a poco, nos ayuda no sólo a adaptarnos al nivel de juego, sino a todo lo que implica competir fuera: viajar, comer, buscar cómo entrenar, el proceso de organizar todo, gestionar los gastos... Así aprenderemos a ir gestionando estos pequeños detalles también a nivel mental, para que cuando lleguemos a un torneo de mayor nivel esta parte ya la sepamos gestionar y nos podamos enfocar más en el tenis exclusivamente.

Este ejemplo lo podemos aplicar para entender cómo pasar de un nivel de torneos a otro, independientemente de en cuál estemos. Será muy difícil que demos el salto de nivel de golpe y nos consolidemos en el siguiente nivel de primeras. Además, es importante entender que en ocasiones necesitaremos volver atrás, tanto por confianza, porque tenemos que hacer cambios en nuestro juego, por venir de una lesión o incluso porque es muy costoso pagarse viajes a torneos fuera. No bajaremos de nivel sólo por no dar la talla, a veces hay que hacerlo para poder financiar el resto de la temporada o por la imposibilidad de viajar al torneo ideal.

Para poder competir a nivel internacional es necesario sacarse el IPIN, si bien ahora en algunos torneos existe la posibilidad de pagar sólo el porcentaje de la licencia correspondiente a competir sólo en ese torneo, lo que es una ventaja para jugadores en esa transición entre torneos nacionales e internacionales.

Quería añadir este punto en el capítulo para pararme a explicar la importancia de pasar de una etapa a otra con buen criterio, entendiendo que pasaremos poco a poco, podremos volver atrás y que cada etapa es necesaria para adaptarse al nivel y a lo que implica jugar un torneo de más nivel. A su vez, si aparece la oportunidad de jugar un torneo mejor ya bien porque he conseguido puntos, subido en el ranking y entro o porque me han invitado; toma la oportunidad. Aunque no te sientas preparado quizás sí lo estés. Si no lo estás, vivirás la experiencia, aprenderás de ella y seguro que también es un elemento motivador para mantener el trabajo duro y llegar en condiciones al siguiente torneo de ese nivel. Toma las oportunidades y respeta las etapas.

Si eres madre o padre de un tenista, o entrenador de tenis; te recomiendo que tu mayor premisa a la hora de gestionar las competiciones de tus jugadores sea la de respetar las etapas. Soy un férreo defensor del tenis por etapas con la bola y la pista adaptada, ya que esto previene que los niños pequeños lleguen con empuñaduras pasadas a edad juvenil por haber pegado bolas por encima del hombro constantemente porque han jugado y entrenado con bolas que no eran de su categoría. También es muy común que se inscriban a estos jugadores a dos categorías por torneo: la suya y una superior. Esto para mí es un error enorme. Si tienes más nivel que para tu categoría apúntate sólo a una superior; pero si dispones de la capacidad de poder viajar, juega en tu categoría en torneos de mayor nivel. Así de simple. Muchas veces se prioriza la "foto" con el trofeo de la categoría en la que el jugador va sobrado. Aquí aparecen varios problemas. En primer lugar, el hecho de competir con gente muy inferior no ayuda a que el tenista aprenda a gestionar situaciones de estrés, a enfrentarse a sí mismo, a darle la vuelta al marcador, a pensar en estrategia… y al final les estamos enseñando a que competir es estar cómodo en la pista, pasando por encima del rival fácilmente, sin tener que pensar ni preocuparnos. Y llegado el momento en el que eso ya no es así, unos años más tarde, nos encontramos con tenistas que no han aprendido a perder, no han sabido gestionar los tiempos de un partido, no saben gestionar sus emociones y son tenistas que acaban dejando el tenis después de una "carrera prometedora" porque antes ganaban todo. Hay que respetar etapas y sobre todo hay que perder para mejorar. Si buscamos trofeos no buscamos el desarrollo de un tenista. Es así de simple y así de duro.

Debemos respetar cada etapa de la competición. Hasta los quince o dieciséis años, en mi opinión, estamos en etapa de desarrollo. Eso no quita que se compita antes de esa edad, por supuesto que es necesario, pero el objetivo principal no es ganar. En la etapa de desarrollo buscamos crear y desarrollar estrategias para llegar de la mejor manera posible a la etapa de competición en la que el objetivo principal sí que es ganar. ¿Esto quita de que nuestro objetivo antes no sea ganar? No, pero no es el objetivo principal. Debemos priorizar el desarrollo a la victoria. Esto implica que quizás es mejor no hacer coaching a esas edades para que los tenistas en formación desarrollen estrategias por sí mismos. Sí que será necesario acompañarlos en los procesos de post partido para ayudarlos a encontrar soluciones y a analizar el partido. Creo que dejar a los tenistas que se enfrenten solos a un partido de competición es una ayuda que no siempre concedemos. Del mismo modo que defiendo no hacer coaching no defiendo tampoco que ofrezcamos una lista de cosas que trabajar o corregir al finalizar el partido. Debemos guiar hacia ese punto, pero no imponer ni volcar la información.

¿Si ya no tengo menos de dieciséis años no estoy en formación? Tampoco. Vivimos en unos tiempos en los que exigimos inmediatez, todo para ayer. Nos agarramos a los casos en los que un jugador se consolida en el top 100 con diecisiete años y la realidad es muy diferente. Especialmente en la actualidad con la mejora en los procesos de entrenamiento, de preparación física y de recuperación, donde la edad media de un tenista en el circuito es mayor de los treinta años. Es tanto que la edad media de los jugadores top 10 ha rondado los 28 años, nunca bajando de los 25 años. Hay casos en los que la entrada al circuito ha sido lo que podríamos decir "tardía", aún pese a haber sido uno de los juniors más prometedores del circuito. Alcaraz es un claro ejemplo de la excepción. Es por ello por lo que no podemos pensar que si no hemos entrado en el circuito a los dieciocho años que no lo haremos nunca.

A su vez, no importa tu objetivo. Con esto me refiero a que no tienes por qué buscar entrar en el circuito profesional para entrenar y sacar tu máximo tenis si tu objetivo es por ejemplo competir por un campeonato de tu comunidad autónoma, por un campeonato nacional universitario o por un torneo de veteranos. Es más, a nivel del circuito de veteranos ahora mismo hay una cantidad enorme de opciones de competir por meterse dentro del circuito internacional y hacer mucho ruido.

Lo importante de este punto es que entiendas que antes de que el objetivo prioritario sea ganar debemos pasar por una fase de desarrollo en la que la prioridad no sea el resultado sino aumentar tus herramientas en la pista. Más adelante tampoco será el resultado tu objetivo. En competición tu objetivo será tu rendimiento, ya que el resultado nunca depende al completo de ti. Veamos bien esto para acabar este punto.

¿Por qué no me puedo fijar objetivos de resultado? Como hemos ido viendo a lo largo de esta guía, te he propuesto siempre la creación de objetivos de trabajo, así como su estructuración y su organización. Con esto conseguimos plasmar en papel y tener extremadamente claro dónde centrar nuestra atención y nuestro trabajo. Es en esos puntos en donde podemos influir, ya que dependen totalmente de nosotros mismos. Esos objetivos de trabajo son llamados objetivos de rendimiento, ya que se centran en eso. Si me pongo objetivos de resultado estaré fijando mi atención en cosas que no puedo controlar y que no dependen de mí: en cómo jugará mi rival, las condiciones de la pista y el entorno (que puede ir en mi contra), mi estado anímico y físico del momento…

Y es que si establecemos porcentajes vemos que el resultado no llega a depender ni al 50% de nosotros mismos. Podríamos poner que depende de mi rival al 49%, del entorno al 2% y de mí al 49%. Por lo tanto, tengo que centrar mis esfuerzos en que mi rendimiento se acerque a mi 100% dentro de mi 49%. Si doy el 80% estaré aportando un 39,2%. Además, si consigo que mi rendimiento sea el máximo posible el de mi rival nunca será su mejor rendimiento. Y viceversa. Ten esto en cuenta y céntrate en dar lo mejor de ti: el resultado es una consecuencia de tu trabajo.

CONSEJOS PARA COMPETIR

En este capítulo me centraré directamente en darte la información y los consejos que me hubiera gustado tener antes de comenzar a competir. Antes de nada, ten en cuenta que el tenis es un deporte de implemento (así como de adversario y no invasivo). El implemento es nuestra raqueta, vamos a ver las claves para conseguir la raqueta que mejor se adapte a tu juego.

TU MEJOR MARCO

El primer punto a tener en cuenta a la hora de conocer si estamos utilizando la raqueta que debemos tener es conocer a la perfección nuestro estilo de juego. Para mí, sólo hay dos tipos de marcos (no raquetas, ya que raqueta es marco más cordaje): las rígidas y las flexibles. Esto es algo que a las marcas no les interesa visibilizar para que parezca que ofrecen muchas más opciones. Tanto es así que normalmente no ofrecen directamente la información de la rigidez en los marcos de las raquetas.

Un marco rígido dejará actuar a las cuerdas, aumentando el "efecto catapulta". Son marcos que nos dan potencia y salida de bola, a costa de perder un poco de control y en ocasiones de aumentar las vibraciones. Para identificar un marco rígido debemos fijarnos en un valor de Ra superior a 70. Lo común es un marco entre 70 o 71, y no es fácil encontrar marcos con valores superiores a 73. Los ejemplos más claros de estos marcos por marcas son:

- *Babolat*: Pure Aero, Pure Drive, Evo Aero, y en menor grado la Pure Strike.

- *Wilson*: Ultra, Burn y Shift.

- *Head*: Speed, Extreme, Radical e Instinct.

- *Yonex*: Ezone y Vcore.

- *Tecnifibre*: TFight y Tempo.

- *Prince*: Beast y Ripstick.

- *Dunlop*: Gama FX.

Por el otro lado, un marco flexible nos aporta más control de bola, a costa de perder potencia y salida de bola. Suelen vibrar menos. Aumentan la sensación de tener la bola pegada a la mano.

Podemos considerar que un marco es flexible cuando su rigidez de 69Ra o menos. El rango ideal para sacarle todos los beneficios de un marco flexible es el rango de 65 Ra a 68Ra.

Es mucho más difícil encontrar raquetas flexibles. Estos son los ejemplos más conocidos por marcas:

- *Babolat*: No considero que ninguna de sus raquetas sea flexible, la menos rígida es la Strike.

- *Wilson*: Pro Staff, Blade y la Clash (si bien es una raqueta muy diferente).

- *Head*: Prestige y Gravity.

- *Yonex*: Percept y Vcore Pro.

- *Tecnifibre*: TF40.

- *Prince*: Phantom.

- *Dunlop*: Gama CX.

Una vez conocemos esto tenemos que pensar qué marco nos va mejor con nuestro estilo de juego. Pondré varios ejemplos para cuando deberíamos utilizar un *marco rígido*:

- Juego principalmente de fondo con golpes con swing corto, no busco subir a la red y el saque no es mi principal fuerte. Lucho mucho en el fondo de pista, fallo poco.

- Principalmente utilizo efecto liftado o cortado, no golpeo plano. Busco que mi bola salga más hacia arriba que hacia delante.

- Tácticamente me gusta mover a mi rival priorizando no fallar.

Veamos ahora algún ejemplo para diferentes estilos en los que es ideal utilizar un *marco flexible*:

- Busco golpear la bola delante del cuerpo, juego liftado, pero hacia delante, incluso plano.

- Quiero llevar la iniciativa durante el juego. No busco meter bola sino apretar para llevarme el punto.

- Me apoyo mucho en mi saque, en el que busco control ya que tiro agresivo. Busco también acabar los puntos en la red.

- Tengo velocidad en mi mano para golpear fuerte, por lo que busco un marco que me de control ya que no necesito velocidad.

Estos ejemplos son aproximaciones y consejos muy generales. Seguramente te puedas incluso sentir identificado con cualquiera de los ejemplos de ambos marcos. La pregunta principal que te debes hacer es: *"¿Quiero control o potencia?"* Si la respuesta es control, busca una raqueta flexible. Si por el contrario es potencia, una rígida. Pero vamos a ver que no sólo se queda ahí, hay muchos más factores que te ayudarán a elegir una raqueta de una forma mucho más específica, encontrando factores y prestaciones que se adapten más a lo que necesitas.

¿Cómo influye el ancho del marco? El ancho del marco es uno de los elementos a los que las marcas comienzan a prestar más atención. Un marco cuanto más ancho sea más potencia nos dará, aunque también perderemos sensación con la bola. Incluso en algún modelo perderemos estabilidad y notaremos más vibración. Con los materiales modernos se han mejorado muchísimo las prestaciones de las raquetas con marco ancho.

Al conocer esto podemos buscar una raqueta flexible con un marco más ancho de lo normal para una raqueta así, ganando más potencia, como puede ser el caso de la Wilson Clash, una raqueta muy rara ya que han buscado mucha flexibilidad, pero con un marco muy ancho. Lo normal es que una raqueta flexible tenga un marco fino, y una rígida tenga un marco ancho. Pero en ocasiones, como en el ejemplo de la Clash, esto cambia y con ello lo hacen sus prestaciones y sus sensaciones. Rigidez y ancho suelen ir de la mano, pero no siempre. Tenlo en cuenta para poder ajustar mayor o menor potencia o sensación, sobre todo si estás entre dos modelos con la misma rigidez, pero diferente ancho.

El punto más importante en mi opinión, después de la rigidez, es el peso de la raqueta. A mayor nivel necesitaremos más peso. Incluso en ocasiones se cree que una raqueta ligera es mejor, cuando la realidad es justo la contraria. A más fuerza necesitamos más control, por lo que cuanto mayor sea el peso del marco, mayor será el control que nos dará.

¿Qué peso debo usar si compito? Mínimo siempre 300 gramos. Mi recomendación es entre 305gr y 315gr. Si compites en el circuito ITF es probable que necesites aumentar ese peso a 320gr o más. En el peso de la raqueta sí que hay una relación directa entre nivel y peso. Así como la rigidez no se relaciona con tu nivel (aunque a más nivel en el circuito sí que aparecen raquetas más flexibles que a niveles de club), la relación va más con el estilo de juego. En el peso no hay ningún tipo de duda: más nivel, más fuerte golpeo y más control necesito, más peso de mi raqueta.

En este punto no es necesario que busques una raqueta de fábrica con un peso exacto. Hay varias opciones: por un lado, puedes plomar tu raqueta. Hay numerosos tutoriales en internet y no es un proceso muy complejo si bien te aconsejo acudir a un profesional con todas tus raquetas para que todas queden igual ya que es común que aparezcan variaciones de entre 2gr y 5gr entre raquetas de fábrica iguales.

Por otro lado, existe la opción de encargar raquetas prostock. Esta es la opción que suelen utilizar los profesionales. Estas raquetas son personalizadas prácticamente por completo dentro de cada modelo. Actualmente hay varias marcas que ya ofrecen esta opción en sus ventas al público, si bien el precio es mucho mayor y los plazos de entrega se dilatan mucho más. La opción más recomendable es acudir a un buen taller de encordado donde te puedan igualar las raquetas ya que te asegurarás de que todas queden igual y ahorrarás tiempo y dinero.

Otra característica muy relacionada con el peso es la inercia. Para entender cómo funciona la inercia debemos prestar atención primero al balance. Es normal que las marcas nos den la información del peso y del balance de la raqueta, pero no de la inercia. De nuevo parece que no les interesa dar ese dato fácilmente, si bien hay marcas que sí lo aportan de primeras, otras lo mantienen lo más oculto posible. El balance es el punto de equilibrio de la raqueta desde la base de la empuñadura. Normalmente se mueve entre los 30cm y los 32cm. El hecho de modificar la raqueta con plomo, como comentaba en el párrafo anterior, modificará el balance de la raqueta y por lo tanto su inercia.

El balance influye de forma muy simple: cuanto menor sea, eso es, cuanto más cerca de la mano tengamos el peso de la raqueta, más controlaremos el movimiento de la raqueta. Pero por contra nos costará más controlar la bola. Si el peso de la raqueta está más hacia la punta de la raqueta seremos capaces de controlar mejor la bola, pero nos costará más manejar la raqueta.

Generalmente a mayor nivel se suele buscar un balance mayor ya que se suele tener un buen control de la raqueta, una mayor maniobrabilidad. Es por esto por lo que raquetas de iniciación suelen tener el peso muy abajo hacia el puño, y cuanto más nivel, más alto el balance. Personalmente siento que un balance hacia la punta de la raqueta me ayuda a sentir mejor el movimiento de la raqueta durante el golpeo, a que la bola no me eche tanto hacia atrás en el momento del golpeo y a dirigir mejor. Hay jugadores a los que les gusta más controlar la raqueta desde el puño, por lo que buscan balances más bajos. Esto es un punto más personal, si bien influye mucho en la inercia de la raqueta.

¿Cómo afecta la inercia? Pongamos un ejemplo metafórico. Si yo cojo una barra de 300 gramos para golpear a la bola, tendré mucha menos fuerza que si cojo una barra de 3kg, ya que el peso dinámico, el peso en movimiento de la barra entre el lanzamiento y el golpeo es mayor cuanto más peso tenga la barra. Lo mismo ocurre con la raqueta.

A su vez, si llego al impacto con la bola con más peso dinámico, tendré mayor estabilidad en el golpeo ya que el peso que trae la bola se contrarresta con el que lleva la raqueta. Es por esto que es mucho más fácil que una bola con peso lleve hacia atrás y haga vibrar a una raqueta ligera, y le cueste mucho más provocar ese efecto en una raqueta más pesada. Del mismo modo, si en dos raquetas el balance varía en una más hacia el puño y en otra más hacia la punta, la que tiene el peso más bajo cederá más ante la bola que la que tiene el peso más arriba.

Es por esto que, así como comentaba que el balance es un tema más personal, en el que influye mucho la sensación que queremos de la raqueta, es importante entender que este factor influye mucho en la inercia y en cómo se comportará la raqueta en movimiento contra la bola.

Por último, hablemos de cómo afecta la inercia al lanzamiento y a la aceleración de la raqueta. A mayor inercia nos veremos ante una raqueta que cuesta más mover y acelerar. Esto implica que a la hora de defendernos nos costará más sacarnos la bola de encima. Por el otro lado para atacar tendremos más potencia y peso. Por lo tanto, a menos inercia más fácil defenderse, pero menos ventaja en ataque.

Por último, a la hora de buscar una raqueta que nos aporte el efecto o el control que buscamos debemos fijarnos en el patrón de encordado. Los dos patrones más comunes son 16x19 y 18x20. El primero, el 16x19, lo consideramos un patrón abierto ya que el espacio que queda entre las cuerdas es mayor que en un patrón más cerrado como el 18x20. Actualmente hay patrones más variados que se encuentran entre ambos. Lo importante es entender que a menor número de cuerdas será un patrón más abierto, y por lo tanto tendremos mayor efecto al permitir que la bola se hunda más entre las cuerdas. A su vez, las cuerdas podrán flexionar más y también despedirá más. Por el otro lado, con un patrón más cerrado los cuadrados generados entre las cuerdas serán más pequeños, por lo que la bola se hundirá menos y saldrá menos despedida. También perderemos la posibilidad de imprimir mucho efecto a la bola, al no permitir tanta flexión en la cuerda. Hay aspectos del cordaje que nos pueden ayudar a minimizar o a maximizar las prestaciones y contraprestaciones de los distintos patrones, como veremos en el siguiente apartado.

TU MEJOR CORDAJE

Una vez hemos elegido un marco que cumple con todas las prestaciones que buscamos, es momento de completar con un buen cordaje adaptado a nuestras necesidades, para conseguir así la raqueta ideal.

El cordaje ideal no es el mismo para todo el mundo. Algunos quieren más efecto, otros más potencia, otros que no rompa nunca... Por eso te daré toda la información que considero relevante en cuanto a qué factores tener en cuenta para elegir cordaje y cuáles son los puntos que nos marcan si debemos subir o bajar tensión.

Comenzaré por el tipo de cuerda. Como primer consejo, nunca utilices un nylon. En segundo lugar, tanto como multifilamento, dependerán del tipo de raqueta que utilices y de tu estilo de juego, por supuesto. Son cordajes que dan mucha sensación, pero no son los ideales para dar efecto. Como puntos negativos tienen una duración muy baja, y suelen ser cuerdas que se mueven bastante. Es una cuerda para golpear la bola con toque, buscando sensación. Son también las mejores para evitar vibraciones y prevenir lesiones.

Por el contrario, tenemos al monofilamento. Esta cuerda es mucho más rígida que el multifilamento. Despide menos, aportando más control. Su duración es mucho mayor que la del multifilamento. Al ser menos flexible recibimos más vibraciones, siendo potencialmente una cuerda mucho más lesiva. Es el tipo de cuerda más utilizado en el circuito. Un subtipo del monofilamento son las cuerdas estructuradas. Este tipo de cordaje tiene surcos o estrías en la cuerda, o formas geométricas, pensadas para engancharse más con la bola y hacerla girar más, generando más efecto.

Otra opción, que, si nunca has probado te recomiendo hacer, es la de utilizar un cordaje híbrido. Esto es un monofilamento en las cuerdas verticales y un multifilamento en las horizontales. Con este tipo de cordajes ganamos en sensaciones, más efecto, menos vibración y más durabilidad. Muchísimos tenistas del circuito utilizan cordajes híbridos (incluso de dos monofilamentos diferentes) para ganar en puntos concretos como sensación o efecto. Te recomiendo probar un cordaje híbrido con un monofilamento fino en las verticales, especialmente si vuelves de una lesión en el hombro o en el codo. Mucho efecto, muy buena sensación y poca vibración.

Una vez tenemos claros los diferentes tipos de cuerdas, vamos a lo importante en un cordaje: el calibre. Los calibres comerciales suelen ser bastante anchos (1.25 o 1.30), porque lo normal es que la prioridad sea romper poco. Cuando la prioridad es que el cordaje dure lo máximo posible estamos ante un problema muy grande, ¿por qué? Un monofilamento con tres horas de juego pierde hasta un 30% de tensión. Esto significa que, a más tiempo de uso, más tensión perderemos. Aquí aparecen los problemas en las articulaciones, los cambios en la técnica para adaptarse a golpear con 18kg y la pérdida de control que eso supone.

En mi opinión es preferible utilizar un tipo de calibre más fino, ya que será una cuerda más elástica. En primer lugar, esto nos ayudará a mitigar los dos principales problemas que nos da un cordaje monofilamento: la falta de potencia y las vibraciones. A menos calibre más elasticidad. A más elasticidad más potencia y menos vibraciones, pero ¿qué nos da a cambio? Menos duración. Esa menor duración implica que romperemos antes, por lo que no llegaremos a jugar con tensiones mucho más bajas de las que queremos. Por lo tanto, antes de perder mucha tensión, romperemos. No tiene por qué ser un mayor gasto económico ya que podemos conseguir cordajes finos a muy buen precio, si bien el hecho de no disponer de máquina de encordar implicará que cuanto más encordemos más gastaremos.

Con estas ideas quiero que tengas la información para poder buscar un balance entre una cuerda fina y tus posibilidades de encordado, así como las sensaciones y prestaciones que buscas por parte de tu cordaje. Mi consejo es que la duración no influya en tu decisión final ya que eso implicará que tendrás la cuerda más tiempo en la raqueta, pero con mucha peor calidad.

En cuanto a marcas no te diré que elijas una en concreto, ya que actualmente hay opciones buenísimas en todas las marcas. La diferencia entre una marca muy buena y una "marca blanca" se notará más cuanto más grosor tenga la cuerda. A menos calibre, las diferencias entre marcas se minimizan. Tenlo en cuenta a la hora de pensar en hacer una gran inversión en una bobina.

Por último, si compites a buen nivel y rompes más de tres veces por semana te recomiendo comprarte una máquina y aprender a encordar. Acabarás ahorrando dinero y aprenderás un oficio. No encordarás genial de primeras, pero con práctica te salvará seguro. Y la ventaja de poder tener tus raquetas un domingo a primera hora no te la darán en ninguna tienda.

CÓMO ELEGIR TENSIÓN

Hemos visto muy por encima las diferencias de cordajes si bien lo importante es, por un lado, el calibre y por el otro saber ajustar la tensión. Comenzaré citando los factores que influyen a la hora de elegir tensión y cómo tenerlos en cuenta, para que puedas acudir a estas páginas como guía en cualquier momento:

- *Altura*: Cuanto más cerca del nivel del mar, más pesada será la bola. Por el contrario, a más altura la bola estará más viva, se parecerá más a una saltarina. Por lo tanto, a menos altura necesitaremos menos tensión que a mayor altura. Hay jugadores profesionales que cuando juegan a mucha altura optan por una solución radicalmente diferente: bajan a tensiones de 16kg o menos para mantener la bola más "pegada" a la mano y ganar control por falta de potencia al tener poca tensión. Con este ejemplo vemos que con mucha tensión o muy poca, podemos ganar control de bola de modos diferentes. Personalmente nunca recomendaría bajar tanto la tensión, tampoco lo hacen los fabricantes de raquetas.

- *Humedad*. El pelo de la bola retiene la humedad del ambiente, por lo tanto, cuanta más humedad haya, mayor será el peso de la bola. Es por esto por lo que, a mayor humedad, menor tensión. Así podremos mover la bola más fácilmente cuando pese más. Si la humedad es muy baja pasa a ser un factor menos importante, ya que la bola tendrá su peso habitual. Hay que tener en cuenta principalmente humedades altas, no bajas.

- *Calibre.* Como hablábamos en el punto anterior, cuanto más fino sea el calibre, más elástica será la cuerda. Saber esto nos puede ayudar a contrarrestar la pérdida de control por un calibre fino, pudiendo subir un poco la tensión. Cuanto más ancho sea el cordaje menos doblará, será menos elástico. Encordar a 23kg o más con una cuerda de 1.30 o superior es demasiado, ya que la tensión no influirá igual que con un cordaje de 1.20, siendo mucho más rígido. A la hora de prevenir lesiones hay que tener en cuenta esto también, no sólo con respecto al control de la bola.

- *Tipo de cordaje.* Un cordaje multifilamento es muy flexible. Por eso es normal que tras golpear se mueva fácilmente. Lo mismo ocurre con la tripa natural. La capacidad de estos tipos de cuerdas de doblarse y recuperar su forma inicial es muy grande, por lo que hay que tener en cuenta esta flexión y recuperación para entender que despedirán más que un cordaje monofilamento. Pero a su vez estas cuerdas son más ligeras, lo que influirá en el peso total de la raqueta y en su inercia. Por lo tanto, por un lado, la cuerda despedirá más, pero pesará menos que con otro cordaje. Lo que a priori parecería lógico sería subir tensión, pero nos podemos encontrar con una cuerda que nos da control al haberla encordado a una tensión alta, pero una raqueta (marco y cordaje) con una inercia más baja de la que esperábamos y que, por lo tanto, tenga dificultades a la hora de sacarse la bola de encima. Con una cuerda monofilamento ocurre justo lo contrario: ganamos inercia y perdemos flexión de cuerda. Esto que ocurre con ambos tipos de cuerda ayuda a compensar esa diferencia. Si la cuerda flexiona menos, pero pesa más, una cosa compensará levemente a la otra. Por lo tanto, la diferencia entre ambos tipos de cordaje es relevante, pero tiene esa peculiaridad de que se auto-compensan. Con un monofilamento no recomendaría bajar de 22kg, si buscamos tensiones más bajas recomiendo utilizar un multifilamento. Esto es por la poca capacidad de este tipo de cordaje de recuperar su tensión, y su problema de perder tensión muy fácil. Un cordaje monofilamento nos aportará más control que un multi, y más potencia al aumentar la inercia de la raqueta. Es por ello que nos deberíamos mover en un rango de 22.5kg-24kg, pudiendo bajar a 22kg o subir hasta 25kg, según nuestras necesidades y el peso del marco.

- *Peso de la raqueta.* A más peso, más inercia. La inercia nos aporta estabilidad en la raqueta y también control. El problema con pesos altos aparece a la hora de acelerar la raqueta. Ten en cuenta esto a la hora de buscar una tensión, ya que, a más problema para acelerar, más se quedará la bola pegada. Si a esto le sumamos una tensión alta nos costará mucho sacarnos la bola de encima. No es un punto prioritario a la hora de buscar tensión, pero es importante tener en cuenta este problema en conseguir acelerar bien la raqueta y cómo la tensión nos puede perjudicar.

- *Superficie.* Las superficies húmedas, hierba natural y tierra batida, aumentan el peso de la bola. Las superficies rápidas, hierba natural y pistas duras, nos obligan a mejorar el control de la bola al buscar tiros más rectos. La buena noticia es que la superficie más complicada es la menos utilizada, hierba natural. En cuanto a tierra batida o pista rápida te recomiendo cambiar la tensión en al menos medio quilo. Esto es debido a cómo cambia el juego. En tierra los puntos son más largos, se juega con mayor efecto y se genera más fuerza al golpear porque la bola después del bote pierde mucha aceleración. En pista rápida ocurre lo contrario, golpeos más rectos, las bolas aceleran en el suelo y se nos echan encima. En tierra necesitamos un pequeño plus de potencia y en rápida aumentar el control.

- *Punto de impacto.* Este punto es el gran olvidado. Debemos tener muy claro dónde buscamos impactar a la bola. Si dejo entrar a la bola y pego cerca de la altura del cuerpo, absorberé parte del peso de la bola y tendré que quitármela de encima acelerando bien. Si por el contrario busco la bola muy delante, aprovecho ese peso y velocidad para mandar la bola al otro lado. A priori, cogiendo la bola delante, pegando fuerte, puedo permitirme más tensión que si dejo entrar a la bola.

- *Cómo genero fuerza.* Muy relacionado con el punto anterior es la forma en la que genero fuerza y efecto a la bola. Si la dejo caer y tiro para arriba necesitaré más tensión que si tiro más recto. No hablo exclusivamente del swing del golpeo, sino de hacia dónde hago fuerza con la mano: hacia arriba o hacia delante. Esto es un punto mucho más personal que los anteriores, ya que influyen mucho las sensaciones. Si hago fuerza hacia arriba con poca tensión se me irán muchas bolas ya que daré menos efecto, porque las cuerdas harán mucho "efecto catapulta" y no conseguiré aumentar las revoluciones de la bola para que caiga al final. Si mi forma de golpear es acompañando bien para delante, dando menos altura, el bajar un poco la tensión frente al caso anterior, me puede ayudar a ganar profundidad.

Soy consciente de que he expuesto muchos factores. Además de todos estos influirán enormemente las características de cada cordaje. No te preocupes por analizar detalladamente cada uno de ellos, la mejor forma es tenerlos en cuenta para hacerse una idea aproximada o poder adaptarte al entorno de un torneo en concreto sin perder control o potencia. No hay mejor forma de encontrar el mejor cordaje que probar. Pero es importante que dediques tiempo a este punto, ya que es un aspecto fundamental del juego.

PREPARA TU RAQUETERO

En un partido de competición necesitarás muchas cosas que no te deberían faltar. Muchas de ellas las he aprendido a las malas, o he visto a jugadores lamentarse por haberse olvidado algunas de ellas en un torneo importante lejos de casa. Debes tener una lista con todo aquello que tienes que llevar siempre, además de tus raquetas. De nuevo, te haré una lista lo más sencilla posible para que puedas acudir a este punto como guía.

- *Lentillas*. Si utilizas lentillas lleva siempre, siempre, un par de repuesto en tu bolsa. Se pueden caer, romper, llenar de tierra… Y si no ves de un ojo se acaba el partido.

- *Muñequeras*. No sólo las que utilices, llevar de repuesto viene bien para poder cambiarlas cuando estén muy mojadas y así evitar que pueda influir en tu grip.

- *Toalla*. No sólo para secarte, para ayudarte con tus rutinas.

- *Gomas elásticas.* Indispensable. Para el calentamiento y post partido.

- *Libreta de notas.* Plan de partido, notas post partido, notas sobre el rival.

- *Bobina de cordaje.* Si compites fuera es mejor que viajes con tu cordaje, así te asegurarás poder encordar con tu cuerda (y ahorrarte mucho dinero).

- *Antivibradores.* Si utilizas nunca lleves sólo uno. Con pegar una bola mal lo podemos perder. Lleva un par de repuesto.

- *Par de zapatillas de repuesto.* No siempre es posible, pero si se te rompen te puedes quedar sin la opción de seguir compitiendo.

- *Agua.* Casi siempre nos dan agua en los torneos, pero en ocasiones no llega o el tiempo de esperar por otra botella es muy grande. Además, debemos beber antes del partido.

- *Electrolitos / sales.* No sólo debemos beber para hidratarnos, necesitamos reponer sales. Existen varias opciones: bebidas isotónicas, pastillas efervescentes, polvos, agua de coco...

- *Camiseta.* Es recomendable llevar una muda para podernos cambiar en mitad del partido si estamos muy sudados, jugaremos más cómodos en la recta final del partido.

- *Esparadrapo.* Si juegas al tenis seguro que has tenido alguna herida en la mano que te ha incomodado a la hora de agarrar la raqueta. Lleva siempre esparadrapo o tiritas para, llegado el caso, poder seguir jugando.

- *Comida.* Tanto para comer durante el partido como al acabar, especialmente si hay opción de doblar turno.

- *Overgrips.* Para cambiar tanto por sudor, desgaste o rotura.

Cada persona tiene necesidades diferentes, pero al llevar estas cosas en tu termo te aseguras de cubrir una amplia gama de posibles problemas que te encontrarás en la pista. Mi consejo es que crees una lista personalizada para ti con aquello que crees que pueda faltar, y que la consultes mientras haces tu bolsa.

Además de estos puntos, te recomiendo utilizar un raquetero con bolsillo térmico para tus raquetas, lo que ayudará a proteger los marcos de los cambios de temperatura y a su vez de que el cordaje pierda tensión.

GRUPOS DE ENTRENAMIENTO

A un buen nivel de competición lo ideal es crearse un grupo de entrenamiento con otros jugadores que compartan objetivos. Esto es muy común en países como Reino Unido, donde la federación facilita las instalaciones y los propios jugadores pueden pagar por días sueltos por un entrenador. Así pueden compaginar entrenamientos entre ellos con otros con entrenador, ahorrando mucho dinero.

Hay varios motivos por los que te recomiendo buscar un buen grupo de entrenamiento. En primer lugar, un grupo de entrenamiento es un equipo de varios jugadores de un nivel parecido que tengáis un calendario similar, para poder compaginar los tipos de entrenamiento y compartir gastos en los viajes. Esto facilita no sólo la financiación a la hora de viajar, sino también a la hora de contratar un entrenador.

Actualmente es muy común que estos grupos de competición busquen un patrocinador para todos ellos en su conjunto. Esto facilita enormemente la opción de conseguir un patrocinio ya que el inversor no se "juega" todo a una carta, sino que si el grupo lo forman tres o cuatro jugadores es más fácil que alguno de ellos acabe destacando en un torneo o en la temporada.

Recomiendo la creación de un grupo de este estilo para jugadores que salen del circuito junior y quieren comenzar a competir en ITFs y Challengers. Para prevenir posibles problemas y mejorar el funcionamiento del grupo te aconsejo que comencéis con una reunión inicial en la que establecer primero el calendario común, y después la forma de funcionamiento del grupo, tanto para financiación como en cuanto a horarios, tipos de entrenamientos, búsqueda de entrenador...

Además, el hecho de conocer con mucha anterioridad el calendario os puede ayudar a programar las giras con tiempo, ahorrando mucho dinero. Si sabéis que de febrero a mayo iréis a competir por el Sudeste Asiático, podréis conseguir buenos precios. En caso de montar un equipo de competición os recomiendo que dediquéis espacio a trabajar la cohesión grupal. No sólo es entrenar juntos y compartir viajes y torneos. Ahí aparece mucha tensión y estrés. Recomiendo hacer actividades en las que desconectéis del tenis y os ayuden a mejorar vuestra relación personal fuera de la pista. Es tremendamente importante prevenir posibles problemas en vuestra relación como equipo para garantizar el funcionamiento óptimo del grupo.

CÓMO FINANCIARSE

El tenis de competición es un deporte caro. No sólo por el material, sino porque implica viajes, entrenamientos fuera de casa, tratamientos de fisioterapia, encordados... Por ello necesitamos buscar formas de financiación. Si tienes la suerte de disponer de todo el dinero necesario para cubrir tus gastos, enhorabuena. Si no, te traigo una serie de consejos para obtener ingresos con tu tenis, que siguen muchos jugadores de la zona baja del circuito ITF.

En primer lugar, tenemos que conocer la realidad del circuito ITF, y es que se pierde dinero. Incluso ganando un torneo en la categoría individual y dobles podremos no llegar a cubrir los gastos de esa semana. En ocasiones es bueno acudir a un torneo nacional con premios en metálico para obtener algo más de ingresos, aún a costa de no ganar puntos internacionales. El nivel en los torneos nacionales con premios en metálico es muy bueno, por lo que en el nivel puramente deportivo no nos veremos perjudicados; y en el económico tenemos un buen aliciente. Ten en cuenta este tipo de torneos para incluir en tu calendario.

Por otro lado, en ocasiones no se trata sólo de recibir dinero, sino de ahorrarlo. Es por esto por lo que muchos jugadores se ofrecen como entrenadores a tiempo parcial en academias donde se les ofrece alojamiento, manutención y entrenamiento a cambio de que den clases de tenis. Esta opción me parece muy buena por varios motivos. Aprendes un oficio. Dar clase te invita a reflexionar sobre tu propio tenis y cómo mejorar. Te abre las puertas a un futuro para el día de mañana y eso rebaja la presión de tener que ganar. Además, consigues entrenamientos gratis en centros con muy buen nivel, tanto de jugadores como entrenadores. No pierdes nada por escribir a academias ofreciéndote para este tipo de intercambio. Funciona muy bien.

Otra opción muy viable es ponerse en contacto con tu federación regional, o ver las becas y subvenciones de tu gobierno. Muchas veces están disponibles este tipo de opciones de financiación y las perdemos por no prestar atención. Seguramente tu federación nacional también te pueda guiar en este proceso.

Una de las opciones más conocidas y utilizadas por los jugadores junior es la de acudir a USA a la universidad. Nos aseguramos entrenamientos y competiciones a buen nivel, y acabar ese período con un título universitario. John Isner ha seguido ese camino, y cada vez es una opción más viable y rentable. Además, a la hora de entrar al circuito internacional tendremos mucha menos presión al tener un título universitario bajo el brazo, lo que nos permite asegurarnos (en principio) un futuro más allá de la competición.

Otra opción buena, en países como España, es compaginar la universidad con trabajos de entrenador de tenis, jugando interclubs con un club en el que puedas entrenar gratis o a buen precio, y acudir al Campeonato de España Universitario. Acudiendo también a torneos nacionales. En zonas como el levante o Baleares el nivel de los torneos nacionales no tiene nada que envidiar a las primeras etapas de torneos internacionales.

CIRCUITO ITF

Competir en el circuito profesional no es complicado, logísticamente hablando. Hay muchos torneos del nivel más bajo a los que podemos acudir con un ranking nacional decente. Atendiendo al tema del ranking nacional, ten en cuenta que es más fácil entrar en un torneo ITF en un país extranjero que en el tuyo; ya que la entrada al torneo va por ranking ITF seguido del ranking nacional. En un torneo en tu país la competencia por ranking nacional será mayor.

Normalmente la mejor opción es acudir a países africanos o asiáticos, donde la entrada a cuadro es mucho más fácil que en países europeos. Esto implica que el gasto en el viaje es mayor, por lo que es importante organizar bien estos torneos y tratar de jugar varios en la misma zona a fin de ahorrar gastos y tiempo.

Una opción muy buena es la de escribir a la organización de los torneos de otros países pidiendo una invitación. Disponer de un *wildcard* es una oportunidad de entrar en cuadro final de un torneo en el que poder arañar puntos, consiguiendo ranking y mejorando así las opciones de entrar más fácilmente a torneos posteriores. En ocasiones, si el organizador depende directamente de una federación, se puede contactar con esa federación para intentar conseguir una invitación.

Vamos a ver ahora aspectos importantes sobre el IPIN de la ITF. El IPIN es la licencia internacional para competir. Una vez pagamos, es válido por 52 semanas, por lo que no va por año natural, sino tras el momento de realizar el pago (70$). Esto es importante para tener en cuenta a la hora de programar y organizar la temporada. Todo este proceso se hace a través de la página de la ITF. En el momento en el que falten ochos semanas para que nuestra licencia caduque nos aparecerá la opción de renovar dicha licencia, por lo que no es necesario esperar a que finalice para renovarla. Pero la renovación no es automática, tenemos que estar pendientes.

Sólo podremos tener IPIN a partir del año natural en el que cumplamos catorce años, ya que con menor edad no podemos participar en torneos profesionales. Para el circuito Junior esta edad se rebaja a los doce años y once meses, siendo un precio menor, de 45$.

Cuando he realizado este trámite he tenido que hacer un pequeño curso sobre prevención de corrupción en el tema de apuestas. En él te indican todos los protocolos a seguir si eres víctima de una red de apuestas, o crees serlo. También te indican que información como una lesión o molestia no se puede compartir con nadie más que tu equipo de trabajo, a fin de evitar posibles apuestas en base a esa información. Tampoco podrás participar en apuestas deportivas sobre tenis, con una multa de hasta 100.000$ si incumples ese protocolo. Ten cuidado si tienes licencia internacional porque podrás perderla.

En la página web de la federación internacional podrás filtrar los torneos de tu categoría por países y fechas, lo que te ayudará a organizar tu calendario y a poder pedir wildcards. Además, la página ofrece muchísimos recursos para jugadores, padres y entrenadores. Te recomiendo visitar la página de la ITF academy para conocer todos estos recursos.

CONCLUSIONES

Esta guía busca ser un marco de trabajo para un tenista en formación. Es difícil poder dar consejos que se adapten a la perfección a cada tenista. He tratado de ofrecer un marco sobre el que tener unas guías y un rumbo claro de trabajo para maximizar todo el proceso de entrenamiento y desarrollo de un tenista.

Repito, es muy recomendable disponer de un equipo con un entrenador formado y responsable, así como de un preparador físico o un fisioterapeuta. Para formarse es necesario rodearse de profesionales que se hayan formado. Aléjate de gurús radicales que sólo aporten soluciones cerradas para todo el mundo, que no vean a las personas. No tienes que levantarte a las cinco de la mañana ni hacer ocho horas diarias de entrenamiento para sacar al mejor tenista que hay dentro de ti.

Organízate, marca pequeños objetivos, avanza. Marca un camino a recorrer y vete paso a paso, no sprint a sprint. He buscado hacer la guía que me hubiese gustado tener hace quince años, cuando podía haberme planteado muchas de las cosas que he plasmado aquí.

Tu tenis depende de ti. Ni de un entrenador, ni de un rival, ni de un compañero. Toma esa responsabilidad de la mano y comienza a encargarte de tu propio desarrollo y desempeño. Es muy fácil culpar a entrenadores, yo he sido el primero en hacerlo. Con el tiempo te das cuenta de que, con escucha y esfuerzo, todo mejora. Seguramente has tenido algún entrenamiento en el que tu coach no paraba de repetirte lo mismo una y otra vez. Independientemente del estilo de enseñanza de tu entrenador, párate a pensar qué has hecho para hacer el cambio que te piden. Generalmente entramos en la rueda de la repetición sin pararnos a pensar en lo que debemos hacer.

Haz tuya la frase "rendimiento, no resultado". Este es el único camino. Lo es para un equipo de fútbol, para un tenista o para un estudiante. Tendrás momentos malos, momentos en los que querrás colgar la raqueta y momentos de euforia. Quiero acabar este libro con la frase que ven los tenistas antes de entrar a la pista central de Wimbledon:

"Si te encuentras con el triunfo y la derrota, trata a ambos impostores de la misma forma"

Gracias de corazón por confiar en mí y haber adquirido este libro.

Notas:

Notas:

Notas:

Notas:

Notas:

Notas:

Made in United States
Orlando, FL
05 March 2025